Dasypodius Konrad

Heron Mechanicus

Dasypodius Konrad

Heron Mechanicus

ISBN/EAN: 9783337213954

Printed in Europe, USA, Canada, Australia, Japan

Cover: Foto ©Thomas Meinert / pixelio.de

More available books at **www.hansebooks.com**

CVNRADI DASYPODII
Heron Mechanicus:

Seu

De Mechanicis artibus, atq; difciplinis.

Eiufdem

Horologij aftronomici, Argento-
rati in fummo Templo erecti, defcriptio.

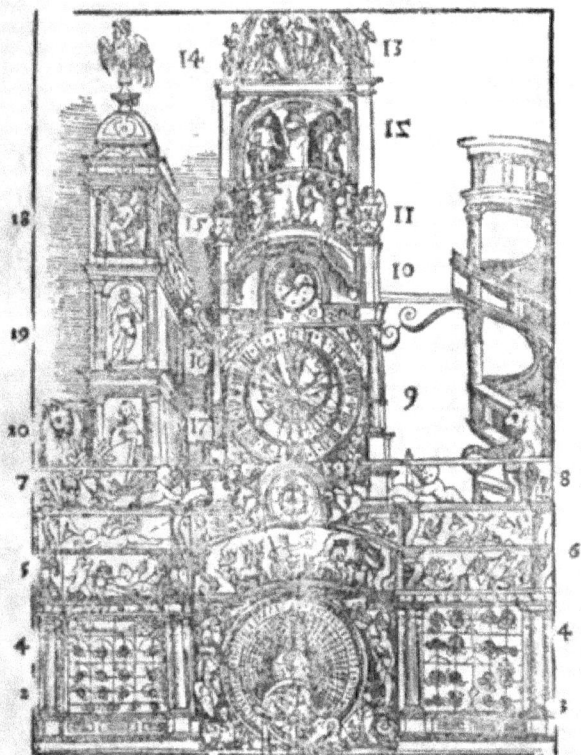

ARGENT. Excudebat Nicolaus VVyriot, 1580.

H. G. V. W.

Illuſtriſsimo Principi

GVILIELMO ROBERTO
DVCI BVILLONIO, COMITI A' MAR-
cka &c. Domino ſuo Clementiſsimo
S. D.

CVNRADVS DASYPODIVS.

Ncidi his diebus Illuſtriß. Princeps in M. Aurelij Paßini Ferrarienſis, Cel. T. Architecti librum, de militari Archite-ctura: in quo multa antiquorum mechanica, non ſolum erudite & ornate: ſed & noſtrorum temporum bellicas machinas, & omnis generis munitiones diligenter & acute explicat: vt vix quiſpiam ex noſtris hominibus, melius hæc expoſuiſſe videatur. Non enim nude & abſq, demonſtratione, atq, doctrina (quod idiotarum eſt:) ſed ex ipſis Architecturæ & artis mechanicæ fontibus omnia deriuata: confirmat atq, demonſtrat. Eleganter etiam ex Vitruuio, Herone, Athenæo, & alijs antiquis, quæ nam bellica illius temporis fuerint inſtrumenta: quæ munitiones, quæ & defendendi ſe, & oppugnandi hoſtes ratio recenſet: atq, cum noſtris machinis bellicis munitionibuſq, atq, defenſionibus erudite confert.

Itaq, cum & mihi non de bellicis machinis: ad defenſionem, & propulſationem inuentis: ſed de Machina horologij noſtri Argentoratenſis ad temporum deſignationem facta

a ij

quædam perpauca scribere proposuissem: magnam mihi scribendi occasionem pro tenuitate mea de Mechanicis artibus & disciplinis dedit. Quia sine harum cognitione: nemo facile quod genus machinationis in hoc opere extruendo sequuti sumus, intelliget. præsertim cum artes istas partim intercidisse constet: partim illarum fontes absconditos esse, manifestum sit.

Magnam itaq; laudem eruditionis, solertiæ, industriæ atq; sagacitatis M. Aurelius, hac ipsa doctrina consequutus esse, mihi videtur: atq; non minorem quam Vitruuius, sua de vniuersa Architectura præceptione: & Heron, Athenæus, Apollodorus, atq; alij in Mechanicis suis scriptis publicandis. Ad me quod attinet, nullam ex his meis singularem laudem quæro scriptis: cum tantæ in me non sint vires & facultates ingenij: nec ea quæ laudem mereatur doctrina: aut in Mechanicis eximia aliqua exercitatio: sed vnicum hoc respexi atq; cupiui: viam vt patefacerem legentibus: ad acuratiorem intelligentiam, omnium & singulorum quæ explicaturus in hoc eram scripto. Sunt enim quædam in hac machina ex pneumaticis desumpta: multi quæ & qualia illa sint ignorant: alia ex Gnomonicis: & hæc multis sunt incognita: nonnulla ex Sphæropoëticis: at huius artis atq; scientiæ nomen plurimi aut raro audiuerunt: aut quæ in ea tradantur arte: nondum perceperũt.

Itaq; operæpræcium me facturum existimabam: si breuiter eam Architecturæ partem, quam Machinalem Vitruuius nominat: cum adhærentibus artibus: nude proponerem: antequam aggrederer ipsam operis nostri descriptionem.

Neq; vero omnia, quæ de mechanicis præcipiuntur: animus mihi erat recensere: sed tantum ea, quæ ad legentis ani-

mum informandum pertinebant : vt si vel ex hac , vel ex
illa arte , quædam sumpta esse dixero: & nomen artis , & ea
quæ per ipsam efficiuntur , intelligat. Nam si mihi totam
tradere proposuissem artem : necessum fuisset : ex ipsius Architecturæ penetralibus : quam plurima altius repetere : &
integram præceptionum architectonicarum seriem instituere.

Vt sunt quæ de materia artis dici possunt : quæ vel ad
necessitatem , vt ædificatio : vel ad modum , vt machinatio:
vel ad iucunditatem , vt Gnomonica maxime comparantur,
eaque cum plurimis inseruiat formis : à natura ipsa nobis sub-
ministratur , & præbetur formanda.

Ita & ea, quæ de forma , eaq̑ varia & multiplici ab autoribus proponuntur: in cuius consideratione requiruntur multa
imprimis tamen Eurithmia, seu ordinatio, dispositio quoque
(quam tribus constare ichnographia , orthographia, sciogra-
phia certum est.) postea necessaria est symmetria , quæ de-
coro, venustate, atq̑ distributione perficitur. & quod ipsis machinis vtamur, pacis belliq̑ temporibus : vt quæ efficiuntur,
sint firma, stabiliaq̑: in proportione omnium partium ornata
& cum vtilitate coniuncta venustas: & alia quæ ad singularū
architecturæ partium descriptionem pertinent: diligentius &
acuratius mihi fuissent explicanda. Imo iudicium Architecti
informandum vt non omnia in omnibus operibus tam exacte
& exquisite requireret, quia vt Vitruui° docet: symmetriæ nō
in omnibus operibus ad omnes rationes & effectus respōdere
possunt: sed satis est si architect° diligēter & acurate obseruet
quib°proportionibus sequi necesse sit ipsam symmetriā: & qui-

bus rationibus ad loci naturam, aut magnitudinem, aut alias circumstantias opus ipsum temperari debeat.

Hæc inquam & his multa alia similia: tanquam minime ad meum propositum pertinentia: nolui ampliore persequi doctrina: sed ea potius ad mea reseruare mechanica: atq; hic animos legentium ita præparare: vt quæ in opere nostro sunt: oculis acutioribus & doctioribus inspicerent: & de nostris sincerius iudicarent laboribus.

Ad te vero Illustriss. Princeps hæc scribo: quod sciam Cel. T. his artibus, hisce disciplinis atq; studijs, multum delectari: & quod voluerim grati mei animi erga Cel. T. aliquod etiam mediocre pro tenuitate mea extare monumentum : & publicam aliquam declarationem. adhæc vt & virtutes tuas heroicas, quæ in animo tuo, etiam hac tenera ætate apparent: meis quibuscunq; scriptis celebrarem.

Nam ab eo tempore, quo Cel. T. mecum domestice & familiariter viuere dignata fuit: domus mea dignitatis ac splendoris plena fuit : tantam etiam Cel. T. benignitatem, beneuolentiam, humanitatem, atq; clementiam erga me meosq; omnes sensi : vt satis pro his dignas gratias referre nequeam. nec aliud habeam gratitudinis offitium, quam vt has & his maiores Cel. T. virtutes omnibus prædicem : veræ inquam pietatis atq; Christianæ religionis ardens studium : singulare ingenij acumen: egregiam in magnis aliquando rebus suscipiendis gerendisq; industriam. Etsi enim ineunti adolescentiæ, maxima insit consilij imbecillitas: attamen in flore ætatis Cel. T. fructus simul pietatis, prudentiæ grauitatis, & constantiæ iam

iam

iam ſeſe oſtendunt. vt maiorum Cel. T. veſtigia, non leuiter
ad exigui temporis prædicationem preſſa: ſed ad ſempiternam
memoriam fixa T. Cel. habere videatur.

Ita vt non dubitem: quin illuſtria & glorioſa faɛta: reſq́
fortiter geſtas: omneſq́ maiorum Cel. T. virtutes: expreſsio-
res, & illuſtriores ſit redditura: vt auo, patre maioribuſue
veſtris, ſtirpe antiquiſsima oriundis: & ampliſsimis familijs na
tis, Comitum Marchianorum, Bergenſium, & ducum Cliuen-
ſium, Geldrenſium, & Iuliacenſium, digniſsima ſit T. Cel. futura. Ex his enim antiquiſſ & illuſtriſſ. familijs, plurimi He-
roes & Principes prudentiſsimi atq́ fortiſsimi prodierunt:
quorum illuſtria & glorioſa faɛta hiſtoriarum monumentis
continentur. nec eſt quod præterea matrem T. Cel. ſanɛtiſsi-
mam & prudentiſsimam fœminam: ijs dotatam virtutibus,
quæ in Illuſtriſſ. loco nata fœmina eſſe debent. neq́ etiam mi-
nora virtutum ſemina in Fratre Comite Ioanne à Marcka
conſpiciútur: qui & ipſe magno atq́ heroico eſt animo: atq́ pro-
ſapiam ſuam Illuſtriſſ. ſi ſuperſtes ſit futurus: ſuis quoq́ virtutibus cohoneſtabit: illuſtrioremq́ reddet.

Nunquam etiam pietate & doɛtrina excellentiſſ. Viri Ioannis Hellenij depoſiturus ſum memoriam: qui & morum
grauitate, & pietatis ſtudio, atq́ literarum peritia, inſignis
eſt: cui pro humanitate atq́ beneuolentia ac beneficentia qua
erga me meoſq́ fuit: ſatis dignas gratias habere nequeo.

Nec non Gregorij Laminæi viri nobilitate & prudentia
eximij recordor: qui antiquo grauitatis more, omnia modera-
tur: & ſæpius eius ſumus memores: ob gratam & iucundam,

quam

quam internos habuimus, familiarem & domesticam consue-
tudinem. Vniuersa deniq; Cel. T. familia, erga nos omnes ita
se gessit: vt gratissima & iucundissima omnium Cel. T. fami-
liarium conuersatio tum fuerit: & recordatio praeteritae con-
suetudinis & familiaritatis semper futura sit suauissima.

    Vnum hoc obnixe tandem rogo Illustriss. Princeps, vt
Cel. T. & me, & mea studia, atq; etiam meos, in suum reci-
pere patrocinium: & haec quae à me ad grati animi declarationem, beneficiorumque atq; clementiae Cel. T. erga me
meosque memoriam, scripta sunt: clemen-
ter acccipere dignetur. V. 6.
Iunij Anno 1580.
Argento-
rati.

CVNRADI DASYPODII
Heron Mechanicus.

Vm artium & diſciplinarum, maxima ſit uarietas: non tantum earum
quæ animo res cernunt: ſed & illarum quæ moliuntur & faciunt ali-
quid: inter eas, quarum opus eſt in
agendo atcʒ faciendo: non poſtre-
mum locum tenet MECHANICA. quam qui apprime
olim tenebant: in philoſophorum recenſebantur numero. Vt enim philoſophi rerum naturas, uires, & effectus, perſcrutantur contemplando: ita mechanici
opera manuum & induſtria, atcʒ ingenio & arte ea
efficiunt: quæ uel ad uitam ſunt neceſſaria: uel ad de-
lectationẽ faciũt: uel uſui quotidiano accomodantur.

Ita namcʒ à natura comparatum eſt: ut homines
ſagaces, & ingenioſi, ac nobiliori natura, artiumcʒ cognitione ornati: prius animo & mente, ex multorum
præceptorum perceptione, rerumcʒ longa obſeruati-
one formas concipiant: his conceptis: poſtea illarum
exemplaria in aliqua effingant, & repræſentent materia, eiſcʒ quoad fieri poteſt faciant quam ſimillima.
Quiſque etiam ſtudet, opus ſuum quod cogitando &
meditando inuenit: reddere perfectum & quantum animo, atque labore niti poteſt: illud ipſum effice-
re pulchrum, utile, atque firmum. quod ſi hæc tria ad

A

sequutus fuerit: mirum dictu, quanta perfundatur lę̄
titia,quam charum ei id sit, quam gratum,quam ue iū
cundum, quod sua contemplatione, & machinatione
effecit:siquidem si opus suum pulchritudinis,aliquam
speciem habuerit:scientia eius laudabitur ab omnib°;
si utilitatem, singulis erit gratum:si firmitatem & con-
stantem usum:sempiternam uirtutis,doctrinæ,atque
industriæ, gloriam reportabit.

Ita enim legimus antiquos philosophos & Mechanicos hoc factitasse: ita etiam his artibus atcp disciplí-
nis,summo studio, maxima diligentia , atque labore
immenso incubuisse: ut quantum & ingenij uires,&
corporis labores,ferre possent: maximis conatibus,
uitam societatemque hominum , suis & inuentionibus,& machinationibus,atque operibus iuuarent, atque quamplurimum commodarent.

Artis enim fructus hic est, & esse debet: ac quiuis
bonus artifex,hunc sibi scopum proponit:opus ut faciat aliquod : ex quo aut laudem sibi comparet:aut e-
molumentum ipse, alijque inde capiant:aut ut delectationem hominibus pareat.

Nam quæ à Mechanicis magno ingenio , & singulari fiunt industria:atcp à paucis effici possunt:laudem
mærentur insignem:quæ uero utilitatem in actionibus humanis,non negligendam præstant:præmijs
decoranda sunt amplissimis: quæ denique subtilita-
                                        tem

tem, grauitatem, acumenque habent : & ad uoluptatem, delectationemque excitandam funt comparata:
apud magnos uiros, ac Principes gratiam parant maximam.

Delectus uero inter hæc opera hic faciendus eſt : ut
quæ uitæ comodis, atque neceſſitatibus proſpiciunt:
colantur, honorentur, & exerceantur: quæ uero ingenio ſingulari & induſtria magna fiunt : & admiranda
opera quidem ſunt: ſed ad uitæ uſus neceſſarios, non-
uſque adeo pertinent: ſi autem uires & facultates eo-
rū qui talia arte & ſolertia feuerunt, conſideremus honoribus & premijs adficiendi ſunt:non minus atque
ij, qui neceſſaria opera meditati fuerunt.

Sic enim maiores noſtri, AEgyptij, Chaldæi, Græci,
& Latini, Mechanicas artes coluerunt: ut has peræque
atque philoſophicas ſcientias : in ſummo habuerint
præcio: ac dignas iudicarint: quæ etiam à Regibus, &
Principibus, magnis quoque & doctiſſimis philoſophis, tractarentur. Nam ſicuti legimus ſumi Principes, manuarijs delectabantur opificijs:nec puduit eos,
talia exercere: quæ manuum opera fiunt: magis ergo
celebrandi ſunt:qui artes ſubtiliores,& ingenioſiores,
magiſque reconditas, atque ex Mathematicarum diſciplinarum fontibus, & phiſiologiæ penetralibus deri-
uatas tractarunt.

Ptolemæum Philadelphum Regem AEgyptiorum

tradunt,ingeniosissimum in inuentionibus mechanicis fuisse: qui etiam sæpenumero, relictis grauioribus
negotijs: summa cum delectatione, ac uoluptate, opi-
ficum officinas inuisebat: cum Deo Hierosolymitano,
curaret auream affabre fieri mensam: aliaque donaria,
summa arte elaborata. Valentinianus Imperator arte
fingendi, & pingendi insignis extitit. Albertus IIII.
Dux Austriæ, dolare, tornare, ac alia huius generis,
summa cum uoluptate facere, solitus fuit. nec tantis
Principibus dedecori erat, manuaria opificia, & exercere & ex his uoluptatem capere.

At Demetrius Poliorcetes, Asiæ Rex: solertissimus
& acutissimus fuit, in inueniendis, & fabricandis bellicis machinis: ut ab eiusmodi machinarū bellicarum
inuentionibus, cognomen hoc tulerit.

Gelon Rex Syracusanorum, ingenio, industria, &
opera Archimedis, suum armamentarium, multiua-
rijs, & inusitatis, atque admirandis, machinis bellicis
iustruxit. Fuerunt etiam multi alij Principes & insignes Respub. propter artium & disciplinarum Mechanicarum studium celebres: multi etiam philosophi
gloriam sibi compararunt sempiternam, quod Mecha
nicis artibus: uitæ, societatique humanæ, plurimum
emolumenti attulerint. Vt Ctesibius, qui tot tamque
uaria, actionibus humanis utilia, inuenit instrumenta:
& eo nomine propter acumen ingenij, solertiam, atq;
                                              indu-

industriam, nunquam satis laudatus sit. nec eo inferi-
or Hieron Alexandrinus fuit: insignis & ipse Philosophus & mathematicus. Et alter Heron qui ob singularem ingenij præstantiam, solertiam, & industriam, ac
in Machinando scientiam : cognomen Mechanici in
hunc usque diem obtinuit. Nam inter omnes eos qui
Archimedem summum philosophū, Mathematicum,
& Mechanicum, subsequuti sunt: hic Heron, excellen-
tissimus fuit. Præstantior ergo cæteris fuit: at eruditione, ingenio, acumine, solertia, atcȝ industria Archimede inferior. huic enim natura tantum tribuerat solertiæ, acuminis eruditionis atque doctrinæ, & me-
moriæ: ut omnes scientias, omnes disciplinas mathematicas: omnes denique artes, penitus habuerit notis-
simas. ac facile Mechanicorum nomen & officium
præterierit, summuscȝ philosophus & Mathematicus, communi omnium doctorum suffragio iudica-
tus sit.

Tales uero Archimedi, Archytæ, Eudoxo, Heroni,
& alijs mathematicis ac Mechanicis similes: rarissime
inueniuntur: qui & organica, & gnomonica, & dioptrica, & pneumatica, & clasmata, & alia Mechanica,
numero, mensura pondere, naturalibusque rationibus inuenta: facere, & machinari possint: & posterita-
ti relinquere. De quibus Illustris. Princeps quædam
ad te scribam: si prius quid sit Mechanica, & quæ eius

ßnt fpeciales artes, atcp fcientiæ expofuero.

Μηχανικὴ latinis machinalis eft fcientia: à machina,
quàm Vitruuius continentem, & perpetuam dicit effe , ex materia aliqua factam coniunctionem: quæ ad
onerum motus faciendos, maximas habet uires. Motus autem hîc, communi fumitur fignificatione: & o-
mnia motus artficialis complectitur genera : tractio-
nem, impulfionem, & fubleuationem, & alia his fimilia. quorum præcipua funt, circularium & rectorum
motus genera. Nam hi duo motus, circularis & rectus, qui & porrectus dicitur: etfi inter fe, fua natura
diuerfi & diffimiles fint: tamen plurimum inter fe
congruunt: in machinarum perfectione, & abfolutio-
ne, earumque ufu: ut neque in tractionibus, neque in
fubleuationibus, depreffionibus , impulfionibus, circularis abfque porrecto, aut porrectus, fine circulari
effe poffit.

Scientia itaque conftruendarum machinarum
Μηχανικὴ, aut Machinalis fcientia eft: quæ materiæ alicuius motum, & effectionem motus habet : quęue
res animo & mente conceptas, & à materia abftractas,
in medium profert: atque in rebus materia præditis,
earundem uim, ac potentiam demonftrat : proxime
denique ad mathematicas accedit difciplinas: rerum-
que naturalium, tam fimplicium quam non fimplicium cognitionem in fe comprehendit: non quidem

uni∤

uniuerfali modo: fed quatenus hæc, huic conueniunt
fcientiæ: eique necefiaria funt.

Qui etiam hanc tenet artem, & fcientiam: Mechanicus, aut machinator dicitur: is literis & difciplinis recte imbutus: omnium eorum, quæ ingeniofi-
mul & manu fiunt: folers & ingeniofus opifex erit.
Non enim hic tam materiæ habetur ratio: quam manus, quam ingenij, quam doctrinæ, quam folertiæ,
& induftriæ.

Etenim qui machinam quandam conftruit: is
diu animo & mente prius confiderat: quid machinetur: & quomodo ea quæ facienda funt: fufcipienda,
exequendaque fint,perpendit: in quem ufum quoque
& quibus inftrumentis eadem faciat. fiue onera gra-
uiffima, molefque ingenteis fubleuet: fiue fcalas ad
alte confcendendum conftruat: fiue iaculetur: fiue
magnam uerfet molem: fiue denique alia etiam natura repugnãtes ad humanas actiones iuuandas:ad ufus
quotidianos promouendos: ad uoluptatem excitandam: necefiaria & commoda inueniat machinetur,
& in medium proferat aut fingulari cura & follici-
tudine imaginando inueniat.

Sic ergo à Machinis Mechanica,machinalis nominatur fcientia: ut ab organis, organica & inftrumen-
talis

talis ars. Nam hæc inter se differunt: teste Vitruuio, qui machinas multis fieri operibus: & ui maiore effe-ctus habere ostendit : organa uero unius opere prudenti tractu perficere, quod propositum est.

Quod si uero quis machinarum, quærat originem: forsitan non unam saltem inueniet machinationis cau sam: sed plures, quæ ad machinarum inuentionem homines impulerunt. Nam primum necessitas nos adigit: ut inueniamus, machinemurcq multa, eacq ingeniosa, quæ nostris inseruiant commodis. præterea natura ipsa, nobis exempla machinationum, in animantibus ostendit: ita etiam motus cœlestes, amplissimam de machinis excogitandis materiam nobis præbent: Simili modo uarij casus, multarum inuentionum, & machinarum occasionem exhibent. denique humana industria, & solertia nobis innata, ipsaque sagacitas, & studium illud inuestigandi, & excogitandi res nouas, uel ad usum necessarias, uel ad delectationem, comparatas, uel ad ornatum & splendorem: plurima inquirit, inuenit, inuentacq machinatur: tandemque studijs, artibus, institutisque & doctrinis, augenda curat.

Machinarum autem genera, uaria sunt. quædam enim ultro, & sua sponte mouentur: cuiusmodi græcorum αὐτόματα fuerunt: ab Hierone Alexandrino de scripta. quædam sua sponte non mouentur: hoc est intra se, motionis initium non habent: quæ quidem diuersis

uerſis fiunt modis. aliæ cientur à rebus inanimatis, ut
ab aere, aqua, aut igne: ab aëre, & ſpiritu quidem in-
cluſo: pneumatica. libero uero ſpiritu, liberæ machinæ, quæ uento impelluntur, aut aqua, aut fumo. ut
molendinæ, ut hydraulicæ machinæ, ut uerruncula.
quæ quidem ab inanimis rebus, motum habent. aliæ
autem machinæ ſunt: quas res animatæ mouent: &
illæ etiam multiplices ſunt. quædam enim ratione ca-
rent, ut boues, equi, muli, dum machinas mouent.
alias uero homines uel trahunt, uel impellunt, uel alio
uerſant modo.

De harum machinarum uaria & multiplici conſtructione: plurima apud Latinos & Græcos extant
præcepta: & quomodo ad uſum adhibenda ſint: certi
quidam præſcribuntur modi: demonſtrationes denique præceptorum, ex mathematicis diſciplinis & naturæ rerumcɋ naturalium ſcientijs deſumptæ ijſdem
adhibentur.

Sed quia in his ipſis artibus atque ſcientijs magna
eſt difficultas: magna etiam earum uarietas & diuer-
ſitas: antiqui philoſophi & mechanici artes & ſcientias machinales, certis diſtinxerũt differentijs, & pro-
prietatib⁹. Ita enim Pappus, ita Hieron ambo Alexan-
drini, ita Proclus Lycius, ita alij Philoſophi & mathematici, ac mechanici, uniuerſalem machinalem ſcien-
tiam diſtinguunt: ut Logicam unam, alteram cheirur-
gicam nominent.   B

Est autem Logica Mechanica, ea machinalis scientia & ars, quæ ex mathematicis disciplinis, Geometria, Arithmetica, & Astrologia, ipsa quoqз phisiologia, rationes cõstruendarum diuersi generis machinarũ sumit, quæ arte & ingenio singulari: si factæ fuerint: eiusmodi per mathematicorum demonstrationes, artificiose, rite & concinne factæ demonstrantur.

Cheirurgica uero sub se artes manuarias, ac opificia quæ manuũ fiunt opera comprehendiḷ: quæ tantum doctrinarum perceptionem nõ requirunt: quam ipsa: sed ingenio ac industria solum perficiuntur. Siquidem artifex manuarius, suum exercere potest artificium: etiamsi nullas disciplinas atcз scientias, perceperit: & naturali quodam instinctu multa inuenire, & machinari, & Mechanicus sed Cheirurgicus dici, non autem logicus potest. ut sunt plures artes ingeniosæ quidem, sed sine literarum cognitione perceptibiles. qualis est ars ferraria, ars extruendarum ædium, ars lignaria, ars pingendi, ars fingendi, ars statuariorum, & aliæ his similes artes, quarum siquis peritus sit: careatque doctrina: Mechanicus Cheirurgicus appellatur. quia artes Mechanicas tantum percepit: in quibus exercendis si comunis quædam prudentia sit: & rectus usus, ac fida experientia: suo satisfecisse dicetur officio.

At Logicus Mechanicus, studia, & artes, quæ philosophorum & mathematicorum monumentis disciꜩ

plinis

plinifque traditæ funt : prius percipit : quam manum operib° adhibeat: & ea quæ ingenio ac manibus fiunt,fiericp debent: antequam efficiat ac machinetur: illas artes & difciplinas difcit,cuiufmodi plures funt artes,quarum opus in faciendo & agendo eft. ut bellicas machinas extruere: fpiritalia tractare: horologia conficere : hydraulica aliaque huius generis tractare: fphæropoëticam exercere: & tales machinationes difficiles fufcipere fi quis uelit : & ingenij acumine non ualeat : nec literis atque difciplinis fit imbutus: mecha nici logici nomen , non poterit nec tueri nec defen dere.

Neceffe enim eft ut in eo fint: animi & ingenij celeres motus: qui ad excogitandum fint acuti: & ad res ipfas explicandas uberes: & memoriam rerum habeat firmam ac diuturnam : induftriam quocp & folertiam in agendo: atque iudicium, doctrinam, & eruditionem in cognofcendo talem : qualem Vitruuius in Architecto requirit : qualem Philo Athenienfis: qualem Hieron Alexandrinus , & Heron Mechanicus habuerunt.   Hoc eft Mechanicus Logicus literis & difciplinis imbutus: omnium eorum quæ ingenio fimul, & arte , & manu fiunt : ingeniofus & folers atque induftrius eruditufque opifex effe debet. Mechanicaque ars etiam fit quæ alicuius materiæ motum , arte & induftria factum

B ij

aut effectionem quandam utilem iucundam,&rebus
actionibufque humanis cõmodam habeat:neceſſe eſt.

Atque hæc omnia de uniuerſali mechanica ſcientia
dicta ſint.ſpeciales enim inter ſe multum & fabrefactione, & uſu differunt: cum tamen ad hanc omnes refe-
rantur: hac unica nitantur: & per hanc ſolam perfici-
antur:cuius etiam ope & auxilio atque inſtitutione:
pondera,& corpora grauiora,præter naturę ordinem,
ui exigua & potentia parua ſurſum in altum eleuam⁹:
& erigimus:machinas ad ſcandendum conſtruimus:
per organa uoces, cantuſ㜏 auium, tubarumᷠ ſonos,
exprimimus: ex eodem tubulo, diuerſos liquores ef-
fundimus: machinas bellicas tam ad pacis ſalutiſᷠ cu-
ſtodiam:quam ad impetus hoſtilis defenſionem ap-
paramus. denique uaria machinarum genera conſtruimus.

Cum itaᷠ tot, tanta, tamᷠ diuerſa ſint, Mechanicæ ſcientiæ opera: plures ſuo ambitu, ſub ſe comprehendit artes atᷠ ſcientias. Eſt enim una quæ ſpeciali
nomine Μηχανικὴ appellatur: eaque omnia machinarũ
genera explicat: ἀκροβατικὰ, πνευματικὰ, ꭓ βαναυσικὰ:ſcan-
ſoria inquam, ſpiritalia, & tractoria. quæ maximas uires habent, ad onera mouenda: ſiue illa trahenda, ſiue
impellenda,ſiue ſubleuanda ſint. unde etiam uaria nomina machinis imponit. habet enim trochleas, habet
orbiculos, triſpaſton, pentaſpaſton, polyſpaſton: quæ
.ſunt

funt machinæ ab orbiculorum numero fic dictæ. &
ad onera fubleuanda factæ: ita etiam machinæ quædam funt tractoriæ:quarum uarius & multiplex eft u-
fus: & ex ipfius perficitur machinæ accomodatione:
fiue in plano, fiue in altum onera ducere uelimus. &
tales tractoriæ machinæ duas habent motus fpecies,
ut dictum eft: in uerfandis machinis coniunctas uires
habentes: εὐθεῖαν, inquam ⊗ κυκλικω. præter quas fpecies motuum etiam confideramus in hac mechanica
arte: onus ipfum, organum, uim ipfam, & id quod mo-
uet.quæ & his fimilia fi quis intellexerit. facile uniuer-
fam mechanicæ fpecialis doctrinam percipiet : in hac
ergo doctrina maxima habetur rotarum cochlearum-
que ratio. quia his maximæ infunt uirtutes:& pene in-
credibiles motionum rationes.

Altera à græcis ὀργανοπνευγτικη nominatur: quæ uaria
ad belli apparatum, neceffaria conficit inftrumenta: ut
fi tela, fi lapides, fi ferrum, aut his fimilia: longo interuallo, per inftrumenta, arte facta, eiaculamur: aut alias
bellicas machinas, artificiofa ratione machinamur.
quales Archimedes in obfidione Syracufarum, ad de-
fenfionem urbis confeciffe dicitur.

Hæc etemin inuenta eft ab hominibus, ut immi-
nentia pericula euitent, atque declinent: & ad falutis
neceffitatem fibi comparent. hæc inuenit, & conficit
tormenta, ad obfidendas oppugnandafque urbes: ef-

B iij

Λcit, ârtificiofos pontes, quibus exercitus flumina, foffafque traijcere poffint: fcalas quoque maximo artificio conftructas: ut muros confcendere poffint milites: omnis generis parmas, omnis generis clypeos, baliftas, catapultas, murices, teftudines, fcorpiones, bombardas : & fi quæ alia funt : in apparatu bellico neceffaria, ingenio & artificio magno conficit.

Hæc uero fub fe aliam comprehendit artem, quam græci βελοποιητικἰὼ nominant. ea inftrumentorum bellicorum differentias explicat : dum quædam ἐυτοπα, alia παλίντονια adhæc ευθύτονα appellat : ac omnium & fingulorum menfuras, difpofitiones, conftructiones, atque utilitates demonftrat.

Faciunt etiam aliam fcientiam, per quam ex profunditate, aquam furfum, præter naturæ feriem, educimus : & ut facilius effluat: per hauftoria id efficimus inftrumenta : quidam hanc Μηχανοποιητικἰὼ, alij uero ὑδραυλικἰὼ appellarunt. machinæ enim hydraulicæ funt: quæ agitatione aquæ, & impulfione fpiritus: fiftulas fonitum edere cogunt : adhæc ad hauriendam aquam commodæ fiunt. Præterea ad horologiorum compofitionem accomodatæ: ut quam proxime accedant ad Gnomonicam doctrinam quatenus horarum & temporum diftinctiones, per eiufmodi machinas fiunt: Huic coniuncta funt ea quæ à Græcis τὰ ὀχόμενα dicuntur. multa enim & uaria machinamenta fiunt, per ea quæ uehuntur in aquis.

MECHANICVS.

Mechanicæ etiam pars est αὐτοματοποιητικὴ, quam &
θαυμασοποιητικὼ appellant: per quam multa fiunt ſpiri‑
tibus & flatibus, multa per neruos, funes, tractus,&
pondera:in quibus motus quidem cauſa eſt ἀνισορροπία:
quietis & ſtatus, ἰσορροπία. ſicuti & Timæus diſtinxit.
ideocῃ ad hanc referunt πνυματικὼ, κυτροβαεικὼ & τῶν
ἰσορρόπων διάγνωσιν: atcῃ etiam τῶν κλασμάτων τεχνολογίαν.

Eſt autem talis hæc ipſa ars: ut maximam habeat
inſtrumentorū uarietatem:ac merito hoc nomē ferat:
& admiratione digna appelletur contēplatio. imò to‑
tius Mechanicæ præcepta, propter particulares, quæ in
ea fiunt operationes:ad hāc adſumuntur perficiendā.

Et quia πνυματικὴ à philoſophis & Mechanicis an‑
tiquis plurimum fuit culta: eam præterire non licet.
cum & ipſa una ex præcipuis totius Mechanicæ do‑
ctrinẹ ſit. & cum ea, quæ de horoſcopijs aquaticis do‑
cet, cohæreat. Nā per coniunctionē aeris, ignis,& aquẹ,
& terrẹ & tribus elementis, uel etiam quatuor inter ſe
congredientibus:uariæ efficiuntur diſpoſitiones:qua‑
rum aliæ neceſſarios uitæ humanæ prẹbent uſus:aliæ
uero ſingularem pariunt & mouent admirationem.

Reſtat ut de dioptrica, & ſphæropoética dicam,
quæ duæ inter ſe cognationem habent maximam: &
uſum ampliſſimum : quia in dimenſionibus rerum
celeſtium & terreſtrium his potiſſimum utimur.Nam
ut primum de dioptrica dicam: utimur hac, in multis
uitæ

uitæ humanæ actionibus: quando uel longitudines,
uel altitudines, uel quæuis interualla, inquirere cupi-
mus. ut in militari scientia murorũ altitudines, fossarũ
profunditates, fluminum latitudines, hac adiutrice, exquisite deprehenduntur: in aquæ ductibus etiã necessaria est: taceo quod ad apparentias cœlestes, deprehen
dendas: plurimũ conducat. ut & altera quæ iam explicanda uenit, sphæropoëtica, quæ est, scientia mechanica, per quam eiusmodi formamus instrumenta; quibus motus cœlestes, indagare possumus: siue id fiat æ-
quabili & circulari aquæ motu, siue ponderibus, siue
alijs ad id instrumentis affabre factis. cuiusmodi multa apud ueteres, nec pauciora apud nostros maiores:
plurima hoc nostro seculo, uidimus facta & elaborata esse.

Atcp hæc de artibus & scientijs mechanicis: obiter
tantum, recensere uolui, non enim proposueram mihi absolutã harum persequi doctrinam: cum uiderem,
laborem esse tantum, & tam immensum: ut siquis pro
dignitate & necessitate has persequi uellet: integrum
uolumen conscriberet: necesse esset. Satis mihi fuit re-
censuisse eas: & aliquo modo distinxisse. utilitatem uero quam longe lateque patentem habeant: quiuis iuditio saltem aliquo præditus intelliget. Nam ut plurima harum artium mechanicarum, pręteream emolu-
menta.

Con

MECHANICVS.

Confideremus rotas aquarias, machinas fpiritales, automata hydraulica, tympana, cochleas, ergatas, fuculas, molas, trutinas, lances, & alias omnis generis machinarum ftructuras: aliacp uaria ac multiplicia organa: quæ & utilitati, ac commoditati, & uoluptati atque delitijs inferuiunt. Perpendamus etiam machinarum bellicarum compofitiones: Arietes, teftudines turres ambulatorias, aggeres, terebra, catapultas, parmas, fcalas, baliftas, tormenta etiam reliqua noftri fæculi: ut pyrobaliftas quas bombardas appellare à fonitu confueuerunt. quæ inquam & alia ueteribus incognita machinarum bellicarum genera, non minus utilem, quam admirandam magnorum operum experientiam habent: quantus fit tormentorum bellicorum in defendendo, ad hominum ftragem, murorumque deftructionem faciendam, impetus: quantum etiam eiufmodi machinæ hominibus terrorem incutiant, cogitemus: ita ut in periculis, & afperis temporibus: & in pace ac tranquillitate: mechanicis artibus atque fcientijs carere non poffimus.

Quod fi Architectonicam contemplemur: principem & reginam omnium artium: in qua omnia perficiuntur, & abfoluuntur opera: illa fane, abfque Mechanica, nulla, aut perexigua effet. Demus enim cætera omnia, quæ in Achitecto requiruntur: & Mechanicas negligamus artes, atque fcientias : nihil fane in effe

C

&ctum proferre poterit. *Sit* enim ingenio folerti & a-
cuto: fit graphidos peritus: teneat difciplinarum mathematicarum præcepta : audierit philofophos:non
etiam medicinæfit ignarus: Aftrologiæ apotelefmata
cognouerit: Iurifconfultorũ deniqʒ refponfa norit:cę-
terifque artibus & difciplinis, fit inftructus:& Mechanicas nullas teneat artes: talis inquam nunquam
Architectus appellari poterit.quoniam præcipuam,
eamque maximam partem Architecturæignorat.duę
enim reliquæ Architectonicæ partes: AEdificatoria,
& Gnomonica : hac ipfa perficiuntur Mechanica.
Quod fane multis exemplis, demonftrari poffet:fi hęc
prolixiorem paterentur explicationem:at quædam fal
tem in medium proferam:ex quib⁹ facile uidebimus:
fine Mechanica in Architectonicis nihil expediri poffe.
  Dianæ Ephefinæ templum:pedum 425. in longitudinem: & 120 in latitudinem fuit: atque 127. co-
lumnis ftabat fuffultum:quarum fingulæ 60. pedum
erant in altitudinem:in cuius fane magnifica, artificiofa,& laboriofa extructione,uniuerfa Afia,annorũ 220.
fpatio,occupata fuit: & ope atque auxilio Mechanicæ
admirandum illud opus, perfecit ac abfoluit.
  Semiramidis quoqʒ egregiũ & celeberrimum opus
mœniorum Babylonicorum fuiffe dicitur:quorũ am-
bitus fexaginta paffuum millia complectebatur:erant-
que altitudine 200.pedum: latitudine uero patebant,
                                    50.pe-

50. pedū; turribus etiam 250. diſtinctā: qui certis ſta‑
tiſcp interuallis : murorum explebant circuitū.in quæ
denicp moenia conſtruenda, terdecies centena millia
hominum fuerunt adhibita : ac unius anni ſpatio,ad
opus hoc magnificum abſoluendum manus operaſcp
ſuas contulerunt. Et hîc quocp Mechanica ſuam ope‑
ram,eamcp præcipuam : in uarijs , multiplicibuscp in‑
ſtrumentis,ſuppeditandis præſtitit.

Iſraeliticus populus plurimis annis premebatur Ty‑
rannide Pharaonum ;graui & intollerabili non ſolum
ſumptu, ſed potius labore:in Pyramidibus illis AEgy‑
ptiacis,ad miraculū & ſtuporem uſcp erigendis. quas
ſane abſcp Mechanicis inſtrumentis, in tantam altitu‑
dinem extollere non potuiſſent.

Traianus Imperator in Iſtro, râpidiſſimo ac uorti‑
coſo fluuio ,ac propter gurgitum altitudinem præci‑
piti: extruxit pontem lapideum: cuius 20. pilæ,ex qua‑
drato ſtabant lapide: quarū altitudo 150. pedum præ‑
ter ſuppoſita fundamenta erat: latitudo 60. pedum:ac
inter ſeſe diſtabant interuallo 170. pedum : fornicibus
ductis inter ſeſe côiungebantur & cohærebant.Quod
quidem opᵒ tum ob loci ſummam difficultatem ,tum
& admirandi operis magnitudinem : ex omnibus
quotquot fuerunt: uerbis uix exprimendam peperit
admirationem : & id quidem Mechanicorum homi‑
num ope ac auxilio perfectum fuit : qui uaria organa,

uarias machinas acrobauticas, hydraulicas, Banauſicas, adhibuerunt.

Archimedes unus, & ſolus, ſuis Mechanicis inſtrumentis, maximas Romanorum copias, terra mariǫ Syracuſas oppugnantes: ita fregit, ita debilitauit: ut M. Marcellus, de urbe ui capienda iam deſperarit.

Demetrius Rex, in machinis omnis generis fabricandis ſolertiſſimus fuit : & inter alias quamplures, quas miro ingenio, & ſingulari ſagacitate inuenerat: Helepolim, machinam prius nunquã uiſam excogitauit: ita ut ſuis machinationibus, rem militarem non ſolum auxerit: uerum etiã hoſtibus ſuis terrori fuerit.

Iulius Cæſar ſummus Imperator in mechanicis peritiſſimus artifex: hoſtibus ſuis maximum incuſſit terrorem: ſuis quas adhibuit machinis, inſtrumentiſque bellicis : quibus plurimũ eſt uſus: in foſſis perducendis : pontibus iaciendis: copijs ſuis, caſtris ualloǫ muniendis: & alijs ſimilibus machinamentis, hoſtiles urbes inuadendo, expugnandoǫ celebris fuit: alijſǫ imperatoribus uiam ad militiam recte exercendam præparauit.

Mechanica itaǫ terra mariǫ, in pace & in bello, omnibus ſuis uiribus, res iuuat humanas: & Architectonicæ ſcientiæ, inſtrumenta præbet: quibus & muros, turres, portas, & alia ædificia extruit, tam ad defenſionem, contra hoſtiles impetus: quam ad religio‐

nis cultum: & omnium locorum,ad publicum & pri-
uatum usum accomodatorum expolitionem.

Hinc factum est: ut Reges,Principes, & Imperato-
res, plurimum his tribuerint artibus & disciplinis:ac
immensos sumptus in eas fecerint, hinc etiam factum
est : ut quo quis ingenio, sagacitate, & nobili natura,
artiumcp cognitione & industria fuit excellentior : eo
etiam ardentiore studio his incubuerit scientijs:ut plu
rimi omnibus extiterint sæculis, qui tot machinas mechanicas, & tantas, & tanta arte,atcp industria elabo-
ratas, effecerint: ut ad summum miraculum usque: talia, tamque superba, & magnifica, & splendida , partim machinamenta:partim opera,machinarum offitio
facta: extolli possint.

Quis non miretur Architectorum Romanorum
Templa summo artificio facta: publica quoque & pri-
uata ædificia omni magnificentia plena ? balnea ue-
terum Romanorum iucundissima : Theatra & spe-
cie, & loci amplitudine, & sumptuũ profusione augu-
stissima: innumerabilem aquæductuum ingenio, arte,& solertia excellentium, multitudinem? Taceo mul
ta alia, quę Mechanicorum tam logicorum,quam chei-
rurgicorum ingenio,studio, & industria: elaborata ex
tructacp sunt: quę si quis enumerare uellet:humanum
captum illa excedere, quis dixerit. ut Cyri Regis splen-
didissima domus, à Memnone Architecto præstantis-

fimo co nftructa: M. AEmilij Scauri, ampliſſimum &
fumptuoſiſſimum theatrum: L. Luculli ſingulari artificio, maximiſque ſumptibus, Romæ, Neapoli, & in
agro Tuſculano, extructa ſplendidiſſima ædificia.
Claudij imperatoris aquæductus: Neronis inter multa alia magnifica quæ fecit ædificia: cœnaculum, ad formam motumⱫ cœli ſingulari, & admirando artificio
factum. T. Veſpaſiani templa exquiſitiſſimo artificio
ædificata: eiuſdemque ſingulari, magnificentia extru-
ctæ Thermæ: & cætera multa ac uaria, magnificentia, ſplendore, ac ſumptuoſitate eximia opera: à Regibus, Principibus, & Imperatoribus, per Mechanicas
artes facta elaborataⱫ eſſe leguntur. ita ut ſibi Principes perſuaſiſſe uideantur: nihil in hoc orbe terrarum
eſſe: in quo ſuam magnificentiam ſuum ſplendorem,
commodius demonſtrare poſſent: quam in eiuſmodi
artificioſis ſumptuoſisque ædificijs, machinis, & operibus: nihilⱫ præclarius aut præſtantius eſſe Architectonica: nihil quod homines in maiorem pertrahat admirationem: quam ſi ſplendorem & magnificentiam
in ædificijs, in bellicis machinis, in templis, Theatro-
rum amplitudine, in aquæductuum multitudine, in
thermarum iucunditate, in pontibus, aggeribus, turribus, pyramidibus, machinis, tormentiſⱫ bellicis, &
his ſimilibus oſtentarent.

    Tanta ergo eſt Mechanicarum artium dignitas,
tanta

tanta excellentia : ut summi Reges & Principes has
summo studio coluerint: tanta earum necessitas: ut in
omnibus uitæ actionibus : ijs carere non possimus.
tanta deniq; uis & efficatia: ut quicquid uel splendore
& magnificentia, uel admiratione ad miraculum usq;
extolli potest : Mechanicis id efficiatur & perficiatur
artibus atq; disciplinis.

Perfectio autem eiusmodi operum : difficilis, & la-
boriosa est: multaq; ad eam, & magna requiruntur.
imprimis tamen, liberalitas beneficentia, & magnificentia magnorum uirorum: qui sumptibus etiam maximis non parcant: Architectorum & Mechanicorum
ingeniosa, prudens, ac solers , eruditaque machinatio:
præterea artificum seu officinatorum fides, diligentiâ,
industria, & fabrilis subtilitas. Sine his simul & unâ,
nihil perfici, & absolui: nihilq; elegans, artificiosum,
magnificumque fieri potest.

Nam præciosæ, & amplæ, copiæ ac facultates, sum-
ptusq; splendidi : Domini commendant magnificentiam: Architectorum & Mechanicorum : ad decus, ad
uenustatem, ad usum, factæ ordinationes & dispositiones: ingenium, doctrinam, atque artem illorum o-
stendunt: Fabrorum, artificum , & operariorum , in
operando, ac efficiendo subtilitas: tum laudatur, quan
do quod ab Architecto, artificiose uenuste, & utiliter,
inuentum, ordinatum, dispositumq; est: affabre ela-
                                        borant,

borant,efficiunt,& ante oculos ponunt. Veruntamen
omnis laus,omnis gloria,Architecto maxime debetur:
tanquam ei qui formam rei dat : is enim qui sumptus
facit: & liberaliter eos suppeditat: materiam rei for-
mandæ præbet:qui operi manus admouet:eam quam
ab Architecto sumpsit formam: rei materiatæ , & operi inducit.

Quapropter in omnium operum probationibus,
ut hęc tria sint,necesse est:natura,ingenium,& manus:
Magnificentia , dispositio , & subtilitas. natura ipsa
suppeditat materiā: quæ si fuerit splendida,ornata ,&
rara,Domini cōmendabit magnificentiā. si in colloca-
tione, & dispositione,conuenientia & concinnitas o-
peris appareat: Architecti ingenium, doctrina, & industria laudabitur: si subtilitas in fabrefactione: dex-
teritas officinatoris,suam quoque laudem habebit. Sic
fiet ut materia dominum : forma architectum :opus
artificem: commendet. Omnis tamen operum laus in
architectum redundet, necesse est. is enim si probatus
fuerit architectus seu logicus Mechanicus , domino
consulit, & diligenter **modum** impensarum ratioci-
nando explicat:ut ædificia & alia opera facili⁹ & sumptibus tollerabilioribus expediat : fabro & officina-
tori singula monstrat:ipse uero omnia inuenit, machinatur, ac ordinat, atcҙ disponit. præterea dignus est,
qui præcipuam gloriæ partem reportet: cum ab idio-

tis plurimum differat: prudenti diligentia, & ingenij
doctiſſimi cogitationibus, atque machinatione: ſtudi-
orumcʒ uario ac ſolerti uigore: ita ut multo ante pro-
uideat, probetque quod futurum eſt opus, quale id ſit,
quam ſpecioſum, quam bene formatum, quam con-
cinnum & aptum : cum tamen idiota, nihil quam
quod præ oculis uidet; factum eſſe, & elaboratum con
ſiderat: idcʒ magna interdum cum admiratione: quomodo uero tantus ſplendor, tanta magnificentia, tanta tamque apta partium omnium & ſingularum con-
ueniens diſpoſitio, & ad aſpectum concinnitas adhi-
beatur operi: penitus ignorat.

Hinc etiam uidemus apud Græcos, plus commen-
dari bonos & probatos Architectos, & induſtrios,
atque artificioſos Mechanicos: quam eos qui uel im-
menſos etiam ſumptus in eiuſmodi operibus fecerūt:
uel manibus ſuis, ſubtiliſſimas operas præſtiterunt:
in ædificijs publicis & priuatis extruendis: in templo-
rum ſtructuris parandis : in machinis uarij generis
conficiendis, & laborandis alijs ſubtilioribus inſtrumentis.

Itaque plurima à Græcis & Latinis mechanicis uiris uolumina de Architectura, de artibus & diſciplinis mechanicis ædita ſunt: nulla autem ab ijs qui uel
ſumptus fecerunt: uel operas ſuas præſtiterunt. Per
quæ commentaria, non ſolum ſuam ſolertiam, doctri-

D

nam, artem, & induſtriam, declararunt: uerum etiam
omni poſteritati has ſcientias, ſaluas & integras reli-
querunt: ſine quibus nihil recte & abſolute perfici
poteſt.

Sit enim quiſpiam, qui in ſplendidiſſimo opere
ſuam oſtentare uelit magnificentiā: habeat undiqua-
que collectos operarios, omniſque generis fabros &
officinatores: qui artis ſuæ ſubtilitate, quæuis finge-
re, pingere, facereque poſſint: & mechanico logico,
ſeu quod idem eſt, bono & probato careat architecto:
infinitas ſumptuum faciet ſine fructu, & abſque effe-
ctu eius quod fieri deſiderat, profuſiones: operas etiam ſuas perdent opifices: quod directore, quod pro
bato architecto, & induſtrio mechanico, careant: qui
formam, qui ſymmetriam, qui uenuſtatem, qui uſum,
qui firmitatē, ut neceſſitas & uſus poſtulāt monſtret.

Dionyſius Tyrannus cum ſe ad bellum Chartagi-
nenſibus inferendum maximo apparatu facto, inſtru
eret: ex toto prope orbe terrarum Syracuſas, maximis
& ampliſſimis præmijs in mediū propoſitis, conuo-
cauit: omnis generis fabros opifices, officinatores, mechanicos, architectos, & cuiuſque artis peritos: & ut
quiſq; ingenio, acumine, doctrina, ſolertia et induſtria,
artis etiam ſuæ peritia excellentior erat: eó etiam ma-
ius præmium, maiorem laudem atq; gloriam repor-
tabat. atq; tum ingenioſi mechanici palmam uictorię

adſe-

adſequuti ſunt: quod Catapultam tormentum belli＝
cum, nunquam antea uſquam gentium conſpectum:
inueniſſent eiuſcp uſum monſtraſſent. Quam quidem
uictoriæ palmam non tum primum adſequuti ſunt:
ſed longo ante tempore, & poſt habuerunt, & in ho＝
diernum uſcp diem obtinent.

Illorum enim eſt, caute & ſumma diligentia, ante＝
quam opera talia inſtituuntur, rationes ſingularum
operarum perſcrutari. cum nihil ſine machinatione, ſi＝
ne diligenti prudentia, ſine uigore ingenij : ſine uario＝
rum ſtudiorum cognitione perficiatur. quæ quidem
omnia in Logicum cadere debent Mechanicum, qui
firmitatis, uenuſtatis, atcp utilitatis rationem habeat:
qui omnia tam ad partium conuenientem diſpoſitio
nem: quam ad aſpectus concinnitatem formet.

Quales ſane plurimi clari & inſignes Mechanici &
Architecti fuerunt. nam hos ſub uno & communi
comprehendo titulo: ut logicus mechanicus , quem
Pappus Alexandrinus deſcribit: Architecto Vitruuia＝
no æqui paretur. Iiſdem enim naturæ dotibus præ di＝
ti: & doctrinarum generibus inſtructi eſſe debent : ac
ut ſint φιλόλογοι @ φιλότεχνοι neceſſe eſt. nec aliquod inter
ipſos diſcrimen aliud eſt, quam quod Architectus in
omnibus tribus Architectonicæ partibus exercitatus
eſſe debeat: at mechanicus, ſtudet ut in uno tantum,
omnis generis machinarum & inſtrumentorum ſtu＝

D ij

dio excellat. quod ſi bonus & probatus in eo ſit: nomen mechanici Logici, aut (ut nunc vulgo loquun-
tur,) Architecti tueri, & defendere poterit: atq̃ eo nomine honoribus & præmijs ſemper digni iudicati fue
runt, omnes tales, mechanici quicunq̃ pulcherrima-
rum & ſubtiliſſimarum rerum inuentiones promſe-
runt. propterea quod non tantum proprijs priuatiſq̃
commodis: ſed communi utilitati atq̃ Reipub: con-
ſuluerunt: neque id uno tantum tempore, uel una æ-
tate, uni genti, aut uno ſæculo, aut aliquibus gentibus,
ſed omnibus profuerunt, omnibus proſunt: omnib?
deniq̃ prodeſſe poſſunt. Præſertim cum quanto animus corpore eſt præſtantior: tanto etiam Mechanicorum uirtutes, præſtant cæteris fabrorum & officinatorum bonis. ideoque maioribus honoribus ac præmijs adficiendi. imo fœlices exiſtimandi ſunt: qui ſuis
ingenioſis ac ſubtilibus & utilibus inuentionibus atque machinationibus laudẽ & gloriam ſibi æternam
comparauerunt: & quo inuenta ipſorum ſunt nobili-
ora & magis præclara: eo etiam fœliciores iudicandi
ſunt: qui non ſolum ſuis hominibus profuerunt: ſed
& uniuerſæ poſteritati, plurimum emolumenti contulerunt: quorum nomina magnifiebant dum in hac
erant uita: & nunc poſt mortem à poſteris celebrantur. Tales etſi numero ferè fuerint infiniti: paucorum
& præcipuorum recenſebo nomina: ut inde mechani-

carum

carum artium ſtudium,omnibus ſæculis cultiſſimum
fuiſſe appareat: cum ob ſplendorem & dignitatem:
tum & multiplicem omnium rerum abſtruſarum cognitionem: deniĉ ſummum uſum, ſummamque in
actionibus humanis neceſſitatem.

Primi & antiqui,nominis etiam celebritate inſignes mechanici fuiſſe leguntur Dias & Charias,Polyi-
dis Theſſali diſcipuli: qui una cum Alexandro Magno
in militiam profecti: multas uariaſque bellicas machinas inuenerunt: quibus cum imperator, tanquam
nunquam antea uiſis aduerſus hoſtes ſuos uteretur:
ſummum omnibus incuſſit terrorem. Excogitarant
enim ſcalas nauticas, terebras, ligneas quæ rotis fe-
runtur turres, & alias huiuſmodi machinas.

Poſtea fuerunt alij inſignes Mechanici & Architecti: Diodorus,Damis,Diognetus Rhodius,Dinocra-
tes,Callias, Trypho Alexandrinus, Epimachus Athenienſis, Sauaſſor & Erſem hebræi, Philon Bizantius,
Philon Athenienſis, AEgeſiſtratus, Anthemius,& inter Latinos Vitruuius Pollion, Biton qui ad Attalum,
Athenæus qui ad Marcellum, Apollodorus qui ad A-
drianum imperatorem uolumina de mechanicis artibus ſcripſerunt. & ante hos omnes Archytas Tarenti-
nus, & Eudoxus Cnidius: qui mathematicas contem-
plationes ad uſum & exercitationem reduxerunt. Vt
Socrates naturæ obſcuritatem ad ciuilem ſocietatem:

ipfamque philofophiam ad politicas neceſſitates: uitæ
morumcʒ emendationem redegit: ita hi rerum mathe
maticarum ſtudia, uſui commoditaticʒ humanarum
actionum accomodarunt: ut maximus harum diſciplinarum non ſolum fructus, in ſocietatem humanam
emanarit: uerum etiam multæ uariæque ſcientiæ mechanicæ, ut ſupra oſtenſum eſt de nouo exortæ ſint.

Vnicus uero Archimedes Syracuſius, omnes alios
ingenij acumine,& uarijs doctrinarum generibus ſu-
perauit. qui unum tantum ut teſtatur Carpus Antiochenus, in Mechanicis ſcripſit librum : de Sphæropoë
ia, cæteras uero artes mechanicas non deſcripſit. Ge-
minus in lib. de mathematica conſtructione inquit.
Archimedes ſolus noſtris temporibus fuit, qui & naturæ atcʒ ingenij alacritate: & uiribus ac multiplici e-
ruditione in omnibus artibus atcʒ diſciplinis excellu-
it. Ita ut natura uideatur in Archimede uoluiſſe: formam quandam ſummi & excellentiſſimi mathematici ſimul,& mechanici exprimere. qui non ſolum acu-
tiſſimis rerum abſtruſiſſimarum inuentionibus: ante-
celleret omnes: ſed & grauiſſimo de omnium rerum
natura, ui & efficatia, iuditio. denique omnium quæ
per mechanicas artes, etiam natura repugnante fieri-
poſſunt effectione.

Sunt tamen qui dicant eum nimio mathematicarum diſciplinarum ſtudio: mechanicas artes quarum
tamen

tamen omnium erat peritissimus: in scribendo & ex‐
plicando neglexisse. Forsitan quia Platonem sum‐
mum philosophum, intellexerat reprehendisse Archy
tam, Eudoxum, & Menæchmum: quod Geometri‐
am ad mechanicas reduxissent artes: quibus dignita‐
tem & excellentiam Geometriæ in sensilibus rebus ex‐
plicatam: corrumpi existimabat.

At Carpus Antiochenus & alij contra Platonis sen‐
tentiam apte, conuenienter, & utiliter, Geometriam
ad alias artes accomodarunt: neque dignitatem Geo‐
metriæ lædi aiebant in eo, quod Mechanicis artibus
adhiberentur theoremata & problemata eius scientię:
aut quod per eas artes, geometria ad usum humanū
applicetur. imo cum sit omnium scientiarum mater:
hoc nomine habendam esse excellentiore & digniore
loco: dum tot artes & scientias tanquam partus suos
edat: ut non solum optica, catoptrica, & aliæ contem‐
platiuę scientiæ: sed & organica, geodætica, mechani‐
ca, Architectonica, dioptrica, scenographica & his si‐
miles artes, ex geometriæ fontibus deriuatæ sint.

Archimedes itaq; etsi mathematici potius quã me‐
chanici nomen teneat: tamen quia etiam inter mecha‐
nicos peræq; atq; philosophos principē tenet locum:
eius hoc in loco mentio facienda fuit. Quotquot etenim
unquam fuerūt mechanici, eos omnes ingenij uiribus,
eruditi‐

eruditione, atque uariarum doctrinarum generibus, industria, atque in machinando peritia superauit.

Celebrantur multa ac uaria eius machinamenta: ut speculum ustorium, quo naues Romanorum incendit: ut catapaltica, & Belopoëtica: ut manus ferreæ, quibus naues Romanorum in altum sustulit: Trispastum, quo naues funibus, non per manus, sed ergatas deducebat. ut Armamentarium Geloni Regi extructum: ac uarijs multiplicibusq; bellicis machinis repletum. ut multa deniq; alia admiratione dignissima, & talia quæ fidem captumq; superasse uidentur humanum.

Recte ergo Pappus Alexandrinus insignis mathematicus lib. octauo, ita scribit. ὁ δ᾿ Ἀρχιμήδης παρὰ τοῖς πολλοῖς, ἐπὶ Μηχανικῆς δόξαθείς: καὶ μεγαλοφυής τις γινόμενος, ὁ θαυμαστὸς ἐκεῖνος. ὥστε διαμεῖναι παρὰ πᾶσιν ἀνθρώποις, ὑπερβαλλόντως ὑμνούμενος &c. Plutarchus Cicero & alij insignes scriptores, multis nominibus Archimedem celebrant: non ut mathematicum tantum: sed & Mechanicum atque inter philosophos ipsos summum.

Fuit etiam Ctesibius Ascræus, Alexandriæ natus: Tonsoris filius: mira in uarijs instrumentis hydraulicis, & pneumaticis faciundis: sagacitate, & industria præditus: ac præcipuus inter eos qui θαυμασιέργοι appellantur: & res per machinas, non uarias tantum, sed & admiratione dignas efficiunt. delectabatur plurimum

mum ut inquit Vitruuius rebus artificiofis cuiufmo-
di & ipfemet multa ac uaria,eacɜ pulcherrima inuenit:
iniquitate uero temporis perierunt omnia: paucis ex-
ceptis quæ Vitruuius, & eius difcipulus Hieron Alexandrinus,& nonnulli alij annotarunt. neque enim a-
lia habemus, quam quæ Vitruuius de fpeculo, in pa-
tris taberna per machinationem, arte quadam collo-
cato fcribit: adhæc de machinis hydraulicis, quas primus inftituit, Nam cum animaduerteret ex cœli feu
aëris tactu, ex ipfis quocɜ aëris expreffionibus: fpiritus quofdam,atɕɜ uoces nafci peculiares, principijs
his primis eft ufus: & aquarum fpontaneas expreffio-
nes: per machinas ad id affabre factas inuenit: & por-
rectos ac circulares motus inftituit:& inter multa alia:
horologia iuxta aquæ expreffionem,& fluxum effecit:
totam rationem ὑδρολογικῶν hominibus monftrauit.

Poftea Hieron Alexandrinus Ctefibij difcipulus:
præceptoris fui fideli & erudita inftitutione eoufque
progreffus eft: ut non mechanica tantum fed & mathematica atɕɜ Philofophica magna cum laude tracta-
rit. quod ex multis & uarijs, ipfius fcriptis: elicere &
intelligere poffumus. Nam acurate & diligenter fcripfit inter alia uolumina: hæc quæ fequuntur. Mechanica, catapaltica, Belopoëtica, hydrologica, clafmata,
pneumatica,optica,dioptrica,automatopoetica,geodɕ-
tica, nec non uarij generis arithmetica, & Geometrica
collegit.   E

Ex quibus fane omnibus facile apparet: uere eum
fuiffe philofophum, mathematicum, & mechanicum,
nullum enim philofophandi præterijt aut neglexit ge
nus: nullam mathematicam fcientiam non guftauit:
nullum architectonicæ ftudium, nullum mechanicæ
artificium non eft perfequutus. fed potius in his omnibus, fingulari ingenio, arte, & induftria quæcunq̃
fufcepit: perfecit, & ad finem perduxit.

Vt autem omnes eruditi intelligant: uariarum doctrinarum cognitionem eximiam, in hoc fuiffe uiro:
pauca quædam ex fcriptis ipfius, in medium proferã.

In Geometriæ quidem quos fcripfit libris, multa
ac uaria ad huius fcientiæ cognitionem maxime neceffaria proponit: fine quibus, non facile reliquorum Ge
ometrarum fcripta quis intelliget. nam nominum re-
rumq̃ interprætatione ut in alijs, ita & in hac fcientia
carere non poffumus. itaq̃ lineas, figuras, planas & fo-
lidas, earumq̃ diuifiones, differentias, proprietates &
accidentia, hifq̃ fimilia, ita tractat: ut fi quis ea omnia
perceperit: uiam ad folidam Geometriæ cognitionem
adfequendam, fibi iam compararit paratiffimam.

In Geodæfia uero, fpecies menfurationum non fo-
lum enumerat: & ἐυθυμετρικά, ἐμβαδομετρικά, atq̃ ϛεϱεομε-
τρικά effe dicit: fed & quæ in his fingulis linearum figu
rarum, & corporum dimenfionibus obferuanda fint:
diligenter. acurate, & erudite præcipit: incipiendo ab
ipfis

ipfis definitionibus atcp differentijs tam figurarum,
quam ipfarum menfurarum. Singulas etiam figurarum fpecies, fingulos quocp dimenfionis modos, quibus fpatia, areas, ambituſcp metimur inueſtigat. ita ut
ex his quocp Hieronis fcriptis uberrimus Geometriæ
fructus, fummacp utilitas, in actiones humanas diffu-
fa confpiciatur.

Idem facit in arithmeticis, idem in opticis, idem in
catoptricis, idē in alijs quocp fuis fcriptis: quæ partim
extant, partim in mea & aliorum bibliothecis habentur: & quæ non habentur: ab autoribus grauioribus
citantur.

Sicuti funt Mechanica, & Catapaltica, quorum Pappus Alexandrinus, multis in locis mentionem facit:
quæ ab eo fingulari quadam arte, & erudita atcp polita
doctrina explicantur: ita tamen ut cognatas fimul per-
fequatur artes: quales funt, quæ κιντροβαρικαὶ, καὶ ἰσορρο-
πικὰ appellantur. inter alia multa funt etiam fequentia.

Quæ fit caufa, quod maxima pondera, minimis
moueantur uiribus: & quibus nam talis motus fiat
machinis.

Quod multiplices fint machinæ, quibus res in altum tollimus: præcipue uero enumerat: μηχανὰς μονοκώ-
λυς, δικώλυς, τρικώλυς.

Effe quincp δυνάμεις quibus datum pondus, per da-
tam uim & potentiam moueatur.

E   ij

Illarum potentiarum figuras, utilitates, & applica
tiones singulares, nomina deniq; propria singulis im-
posita recenset.

Maiores circulos, minores superare & uincere: quando uolutio eorum, circa unum fit centrum.

Præter hæc,& his similia,atq; omni doctrina plena:
etiam problema , in Geometrarum συσάσις multum
tractatum & agitatum explicat mechanice,non autem
mathematice hoc scilicet. Δύο δοθεισῶν εὐθειῶν ἀνίσων : δύο
μέσας ἀνάλογον λαβεῖν: ᾗ συνεχῆ ἀναλογίᾳ.Datis duabus rectis
in æqualibus : duas inuenire medias proportionales:
in continua proportione.

Cum enim delineatio huius problematis,geome-
tricis rationibus commode fieri non posset:præsertim
propter conicas , quæ in plana superficie facile fieri
nequeunt sectiones:Hieron instrumentorum ope,in
suis mechanicis & catapalticis : admiranda quadam
arte,id apte & affabre effecit. Sunt his plura,quæ libris
suis omnibus & singulis erudite, & secundum mecha
nicam artem explicat.

Vt in Belopoëticis, (quidam eius catapaltica esse exi
stimant,)postquam multa philosophorum more dis-
serit,qua ratione tranquille , placide ,& sine periculi
metu uitam traducere nostram possimus: hanc mechanicæ partem Belopoëticam scilicet: optimam inue-
nisse uiam: qua homines sine periculi metu tranquille
uiuant

uiuant ac dicit hanc, esse minimam, inter mechanicas artes : et tamen ualde tam pacis, quam belli tempore necessariam.

Tractat uero in eo scripto, non solum quæ ad instrumentorum iaculatoriorum constructionem spectiant: uerum etiam eadem mathematica ratione demonstrat. cuiusmodi sunt μέτρα, διαθέσεις, καὶ κατασκευαὶ, & χρήσεις, talium instrumentorum , & machinarum bellicarum. Nomina quoqȝ his imponit organis, γραφίτας, πιείρυτα, σνέγγας, ὑπόπτερας, χοινικίδας appellans. Organa etiam facit εὔτονα, παλίντονα, κϳ εὐθύτονα. doctrina sane studio, & admiratione digna.

Pneumatica & clasmata ita tractat: ut siquis saltem ea, quæ de uacuo proponit, legat: summo & ingenio, & doctrina excellenti eum præditum fuisse deprehendat, in quibus docet: quomodo pneumatica fiant, per συμπλοκὴν ἀέρος, πυρὸς, καὶ ὕδατος, & γῆς: καὶ τριῶν σοιχίων, ἢ καὶ τοσάρων συμπλικομίνων. quando inquit, aer, ignis, aqua, terra, componuntur : uel omnia tria elementa simul, uel etiam omnia quatuor. habent enim hæc , uarias dispositiones, maximam etiam uim, & singularem cum admiratione & uoluptate coniunctam utilitatem. sicuti hoc prolixe in uarijs pneumaticis ostendit machinis.

Deniqȝ idem docte exponit subtilissimam illam rerum dioptricarum cognitionem: tam in stellarum ob-

E iij

feruationibus,quam uarijs humanis actionibus necef
fariam. Vtimur enim hac in aquæductibus,in urbi-
um & ædificiorum delineationibus:in omnis generis ædificiorum, templorumque ftructuris: rerum
cœleſtium inueſtigationibus : in inſularum maris,
terrarumque diſtantijs inquirendis:locorum quoqʒ
inacceſſibilium ſecundum longitudinem,& profun-
dĩtatem deſcriptionibus.

Hæc inquam omnia, & his plura, atque maiora,
quam nunc enumerarim: Hieron Alexandrinus,in
ſuis tractat ſcriptis,magna ſane hæc, & propter commoditatem, uenuſtatem, admirationem,atqʒ delectationem & neceſſitatem,artem denique ipſam,ac ſolertiam & induſtriam ſummo loco ab omnibus peri-
tis & imperitis habenda ſunt: eiuſqʒ nomen laudibus
eximijs apud omnes,& ab omnibus celebrandum eſt.

Fuit etiam alter Heron,cognomine mechanicus:qui
duas tantum Mechanicæ ſcientiæ partes explicat:qua-
rum altera quidem ὀργανοποιητική: altera uero διοπτρική
appellatur: inquibus machinas exponit, ad obſidio-
nes faciendas neceſſarias:ut teſtudines uarias,ac diuer-
ſarum figurarum Arietes, turres ligneas, ſcalas nauticas, & alia bellica inſtrumenta.

Hæc uero ita paranda eſſe docet:ut propter materiam facile parari poſſint:& uarias habeant figuras:
quo ad menſuram ſint parua : quo ad pondera leuia:

ut

ut à quouis mechanico cito fieri, & facile erigi poſſint:
difficulter etiam ex inſidijs capi· ſine negotio transfer-
ri: ſtabiliriꝗ facile queant. & non niſi magnis laboribus frangi: deniꝗ quæ eiuſmodi ſint: ut ſi neceſſitas
uſuſque poſtularit: facillime componi, diſſoluique
poſſint.

Vt etiam teneamus, quonam pacto extra iaculum
hoſtium ſtantes: poſſimus altitudines, longitudines,
ipſaꝗ interualla inacceſſibilia inueſtigare: dioptricam
doctrinam huic annectit: quæ non ad militarem peri-
tiam tantum neceſſaria eſt: ſed etiam ad aquæductus:
ad murorum conſtructiones: lacuum circumſcriptio-
nes: ad geodætica, ad aſtronomica & alia. Hæc inquam ſunt, quæ alter ille Heron tractat in ſuis libris
Mechanicis.

Nunc Illuſtriſſime Princeps, finem de his faciam:
hæc tantum breuiter perſtringere uolui. Primum ut
intelligatur: quantum noſtri homines, qui ſibi titu-
lum Architectorum, & mechanicorum, atꝗ etiam mathematicorum hodie uſurpant: à priſcis illis quos
nominaui, & ſimilibus antiquis uiris ingenio, induſtria, ac uariarum doctrinarum cognitione illuſtri-
bus, differant. Nam uidemus plurimos hodierno die,
indoctos, & imperitos Architectos, & mechanicos
eſſe: qui tantæ diſciplinæ magnitudinem, ſolummo-
do iactiant: eam uero minima quidem ex parte tenent.

Deinde

Deinde ut cum Horologij Astronomici Argentoratensis structuram, explicare statuerim:in quo multa,
uaria, ac diuersa existunt mechanica: ut pote pneumatica, gnomonica, Sphæropoetica, automatopoëtica:
quid illa sint,& quæ,& qua ratione differant:à quouis
intelligatur: & nostri operis , atcq machinæ composi-
tio facilius percipiatur. sine his enim fieri nequit:ut recte quis opus hoc mechanicum : oculis intelligentib*
intueatur.

Tempus nunc est ut ad rem ipsam accedam si prius
τνωμοτιχlω & eius inuentores qui & quales fuerint in-
dicauero.

F I N I S.

CVNRADI DASYPODII
HOROLOGII ASTRONOMICI IN
summo Templo Argentinæ erecti descriptio.

De Gnomonica, & varijs Horologiorum gene-
ribus, & inuentionibus.

CAPVT I.

Nomonicem scientiam Proclus, facit eam Astronomiæ partem : per quam, ex uario gnomonis positu: & ex umbrarum rationibus: motum Solis & Lunæ, atq̃ etiam dierum & noctium longitudines, umbrarum incrementa & decrementa: anni tempora quoque ut menses, dies, horas, horarumque momenta inuestigamus. Vnde etiam à temporis dimensione, ratione, proportione, eiusque intuitione: eiusmodi machinæ, ad temporis inquisitionem inuentæ, & factæ ὡροσκόπια appellantur.

Sunt autem talia horoscopeia, uaria ac multiplicia: quibus alij alijs inuentis organis, horas & tempora per Solis radios, per umbras gnomonum monstrarunt. Vt Berosus Chaldæus hemicyclium excauatum inuenit: Aristarchus Samius, Scaphen, & discum: D. Augustus obelisco in Campo Martio, addidit mirabilem ad deprehendendas Solis umbras, dierumque ac

noctium magnitudines, gnomonicam rationem. M.
Manilius Aſtronomus apici eius auratam pilam poſtea addidit: cuius uertice, umbra, colligeretur in ſe-
metipſam alia atɋ alia incrementa iaculantem apice.

Itaɋ à multis multa inuenta ſunt horologia, ex na-
turalibus formis, atɋ etiam artificialibus figuris: quæ
tamen omnia eò inſeruiunt ut ex Solis altitudine:
gnomonis ad umbram proportione: circumferentia-
rum & angulorum ratione: tempora, temporumque
diſtinctiones eliciantur: & ad propoſitas quaſcunɋ
formas accomodentur.

Ita enim Anaximenes Mileſius: uel ut Laertius vult
Anaximander Mileſius, primus inuenit Scioteria: ità
L. Papyrius Curſor, Romæ Solarij horologij uſum
primus inſtituit. Ita Scipio Naſica primus aqua diuiſit
24. horas. Ita Cteſibius Aſcræus Alexandriæ natus,
primus inuenit hydrologia. Sūt etiam Clepſydræ ho-
rariæ à Galeno deſcriptæ. Sabianus Summus Ponti-
fex, Phoca imperante, horas diei, tintinnabulorum ſono diſtinxit. Boetius Seuerinus ſummus
philoſophus, primus dicitur inueniſſe horologia: quibus hodie utimur. quæ haud dubie antiquioribus
plane fuerunt incognita: cum nulla horum ullibi men
tio fiat. rationẽ in quā machinandi & fabricandi horologium, rotis dentatis diſtinctum, & ponderibus li-
bratum: ad temporis diſcretionem, & ad motuum
$\qquad$ cœle-

cœlestium repreſentationē inuētum & excogitatum.

Quod quidem artificij genus, eouſcꝗ excreuit auctumcꝗ eſt: ut non ſolum in templis, & ædificijs publicis, in palatijs, atcꝗ curijs, ſed & in priuatorum hominum ædibus: talia fiant:cuiuſcuncꝗ magnitudinis: imo portatilia, etiam minime quantitatis horologia: rotarum dentatarum:atcꝗ librationum offitio, horas motuſque Solis & Lunæ monſtrantia.

Tanto ſtudio certatim, & magni Principes, & uiri literati:interſe de nouis horoſcopiorum inuentionibus contenderunt : ut uix omnia quis enumerare poſſit ipſorum certamina: non ſolum in ijs horoſcopijs, quæ in ſuperficiebus deſcribuntur planis: ſed etiam in alijs,per ſingulares quaſdam formas, machinaſque factis. ut ſunt hydrologia,ut ſunt arenaria, ut ſunt ponderibus librata, ut ſunt ſcioterica, ut ſunt portatilia, & ſimilia alia, uarijs formis facta horologia. quæ omnia prolixe explicare,& in longū diducere:mei propoſiti non eſt.ſed animus mihi fuit:tantum hoc in loco oſtendere:temporis deſcriptionē,omnibus ſæculis, diligenter fuiſſe obſeruatam:atcꝗ magno ſtudio,cura,& ſollicitudine eorum factam eſſe diſtinctionem.Plenam enim huius doctrinę expoſitionem,tum tradam: cum libros Mechanicos meos, in lucem dabo : & Ioannis Hommelij doctiſſimi Mathematici, Gnomonica, eruditione ſingulari, & acumine plena,imprimi curabo.

F ij

DESCRIPTIO

Nunc uero noſtrum Horologium Aſtronomicum Ar
gentoratenſe deſcribam: cuius inuentionem primam,
tum ſuſcepi: quando Ampliſſ: Reipub: noſtræ Senatus, de reſtauratione antiqui Horologij, in Cathedra-
li templo, ante 200. annos extructi, decretum fecit.

De Horologij Aſtronomici Argentoratenſis
inuentione.

CAPVT II.

Mpliſſimus Senatus Reipub. Argentoratenſis Anno 1571. decreuit:
ut in locum ueteris horologij, uetu-
ſtate iam conſumpti: aliud ſingulari arte, & induſtria elaboratum, ad
templi Cathedralis (cuius ubiq; gē-
tium celebratur nomen) magnificentiam ornandam:
ad Senatus populiq; Argentinenſis honorem, gloriam, & dignitatem amplificandam: erigeretur. ac mihi
CVNRADO DASYPODIO Academiæ noſtrę ordinario
Mathematₔn profeſſori, hoc impoſuerunt & manda-
runt negotium: ut ſollicite cogitarem: de tam magnifi-
co, & ſplendido, ac artificioſo opere, in eum quem iam
dixi finem extruendo: modulumque imprimis AEdilibus, & officinatoribus proponerem: iuxta quem machina talis affabre ab opificibus formaretur, & extrue-
retur.   Spatio

Spatio itaque aliquot dierum fumpto : ichnográ
phicam, & orthographicam, totius, quæ nunc oculis
confpicitur machinæ, delineationem: AEdilibus ob-
tuli: oblata placuit : literatis atcp in mathematicis ftu-
dijs exercitatis doctoribus monftrata: nihil ei quod à
me inuentione prima, ordinatum & difpofitum fuit:
addédum, uel demendum effe iudicatum eft. tandem
officinatores conducti: opus bonis aufpicijs eodem
anno, menfe Iunio, cæptum , & inchoatum: triennio
poft anno 1574. eodem menfe ad Feftum Iohannis Ba-
ptiftæ abfolutum fuit.

Sciebam fane ad magnificentiam operis non defu-
turos fumptus: uidebam quocp officinatores fubtiles
& peritos artifices, ac induftrios operarios, in promptu
effe: fed quia totum in eiufmodi operibus negotium:
confiftit in eo, qui formam , qui uenuftatem, qui magnificentiam & fplendorem operi dat: multum follici
tus & anxius fui: quam potiffimum eligerem formam:
qua ratione & proportione, omnia & fingula ordina-
rem & difponerem: ut tam in uniuerfo opere conue-
nientia & concinnitas: quàm in partibus apta & erudita, confpiceretur diftributio: ut nequid in eo effet ui-
tuperatione aut reprehenfione dignum : non vulgi,
fed eruditorum iuditio.

Etfi uero Mechanici logici, ac multo minus proba-
ti Architecti, nomen mihi arrogem: tamen munus il

F   iij

lud, cum mihi iniunctum esset: ac omnia ordinanda à
me disponendaqʒ esse uidebam:officinatoribus quorʒ
operas esse distribuendas: graue id mihi atcʒ durum
erat: qui ingenij mei tenuitatem, & in his studijs me-
diocritatem, agnoscebam: sed quia studio Ampliss.
mei magistratus obsequi, & patriæ gratificari malui:
quam si id non fecissem: uideri labores detrectare: &
ocium atcʒ desidiam sectari:aggressus sum op⁹ ipsum:
& pro uiribus meis, omnia quæ ad splendorem, magnificentiam, uenustatem atcʒ commoditatem operis
spectare uidebantur: priori meo adieci modulo: usus
in eiusmodi consultatione consilio, opera, & auxilio,
AEdilium, & M. Dauidis Vvolckenstein mathema
tici collegæ mei, quem mihi Augusta,anno altero post
inchoatum opus accersiui: Thobiæ Stimmeri pictoris,
cuius magna est,in ea arte solertia, & industria:ut antiquis nonnullis facile comparari possit pictoribus. postea usus sum opera manuali fabroru ferrarioru,Isaaci,
& Iosiæ Habrecht,& statuariorum, aliorumque opifi-
cum,& officinatorum

Atcʒ sic comuni & consentienti consilio, A Edilium
seu Dominoru præfectorum, mei college,& pictoris:
atcʒ opera manuali officinatoru:opus hoc mechanicu,
triennio ad finem perduximus.in quo periodos corpo
ru cœlestiu repræsentamus:temporu (qui motus men
sura sunt) descriptiones designamus,ita tamen hæc o-
mnia

mnia ordinata, diſpoſita, & diſtributa ſunt: ut nihil uideatur (meo quidẽ iuditio, & abſcʒ iactantiȩ ſuſpitio-
ne,) neglectũ eſſe, quod uel ad neceſſitatẽ, & commo-
ditatẽ operis: uel uenuſtatẽ, ornatum, & ſplendorem
atcʒ admi ationem eius pertinere quis iudicare poſſit.
Sciebã enim hoc eſſe Mechanici logici, (qui formã operi dat:) offitiũ: ſciebam etiam me multos habiturum li-
teratos & illiteratos, peritos & imperitos, amicos ac
beneuolos, inuidos & maleuolos meorũ laborũ, meȩ-
que induſtriȩ & primȩ inuentionis iudices. ideocʒ ma
iori cura & ſollicitudine, laborib⁹ etiam maiorib⁹ in id
incũbendũ mihi eſſe intelligebã: ut pro tenuitate mei
ingenij: & magnitudine dignitatecʒ operis: ac hominũ
bonis prauiſque iuditijs: Mechanici logici, & probi
architecti quoad uires meæ ſe extendebant imitarer
ueſtigia.

Horologiũ itacʒ hoc Aſtronomicũ in hanc quam habet formã redegim⁹: & in eo æternitatẽ, ſȩculũ, periodos planetarũ, Solis, & Lunȩ annuas, & mẽſtruas con-
uerſiones, ſeptimanarũ, dierum, horarũ, partium hora-
riarũ, ac minutorũ diſtinctiones: hec inquam omnia,
conſpicienda exhibemus: adiecimus etiam ornatus, &
ſplendoris, atque admirationis gratia, uaria machinamenta, pneumatica, ſphæropoẽtica, automatopoetica,
ex hiſtorijs, atque pœtarum fabulis, ſacris & propha-
nis ſcriptis quoque, omnia: in quibus temporis aliqua
eſt, aut eſſe poteſt deſcriptio. eaque oſtendimus
                                                    tabulis,

tabulis, picturis, statuis, & alijs his similibus operibus.
Quæ qualia sint, particulatim exponam: & notis qui-
busdam, seu numeris, singula ut in diagrammate libel
lo præfixo patet: designabo.

De Globo Cælesti.

CAPVT III.

N. 1.

Vlta & uaria sunt astronomorum,
quibus ad motus, distantias, & apparentias, Cœlestium corporum u-
tuntur inuestigandas, instrumenta.
Sunt enim Astrolabia, sunt Regulę,
sunt Radij, sunt Quadrantes, sunt
Dioptræ, sunt Torqueta: sunt Cosmolabia, sunt Globi: sunt & alia quorum in obseruationibus apparentiarum: maximus est usus.

Ex omnibus tamen iam enumeratis, & similibus
astronomicis instrumentis: nullum est, quod & forma ipsa, & usu, sit his quotidianis apparētiarum ueris,
& certis obseruationibus accomodatius: quam Globus Astronomicus, hoc est corpus solidum, rotundū,
ad cœli formam efformatum : in quo omnes stellarum fixarum distantiæ, declinationes, longitudines,
latitudines, magnitudines, ipsæ deniq; configuratio-

nes

nes, conspiciuntur: cum omnibus quos in sphærica
doctrina, delineare solent, primi motus circulis.

Necp uideo an possit, in temporum distinctione: in
motus primi inuestigatione: in apparentiarum obser-
uatione: comodius instrumentum inueniri: quam talis sit, ad mundi formam formatus globus: præsertim
si sit iustæ magnitudinis: quam quidam ex antiquis &
probatis scriptoribus, uolunt tantam esse debere: ut
diameter eius ad minus trium sit pedum: quanta nostri Globi, qui ante machinam conspicitur: magnitu-
do est. quem ita ad rotunditatem formauimus: & ad
ἰσορροπίαν librauimus: ut cum 100. lib. pondus habeat:
& diametrum trium pedum: atcp ex materia singulari arte præparata, quæ uetustatem ferre possit confe-
ctus sit: aptissimus omnibus & singulis, etiam acura-
tissimis esse possit obseruationibus. non quidem ob
hæc quæ nunc recensui: sed maxime quod à nobis, o-
mnes stellarum declinationes, longitudines, latitudines, diligentissime examinatæ: & iuxta nostrorū temporum calculum inscriptæ & designatæ sint. quibus
addidimus non solum uenustatis & ornatus: sed &
commoditatis gratia alia complura. Vt Cometæ qui
anno 1572. apparuit: memoriacp dignus est: uerum locum: ut circulos parallelos, ut climata, ut zonas, ut
umbrarum disignationes, ut uectorum qualitates, atcp
nomina: & alia huius generis, multa, quæ in sphærica
traduntur doctrina. **G**

Verùm hæc omnia quaſi mortua, & inſtar alicuius
picturæ eſſent: nec uſum aliquem haberent: niſi attri-
buiſſemus ei aliquem motum: eumcღ cœlo (cuius i-
maginem repræſentat) conformem: ideocღ ei dedi-
mus motum diurnum, ſeu motum primi mobilis: ad
cuius imitationem hic globus 24. horis, ſuum perficit
curſum. ſimul etiam in hoc globoſo corpore apparent,
Solis & Lunæ periodi: quas faciunt medijs ſuis motibus, ſecundum longitudinem. Primum ergo automa-
tum, & ſphæropoëticum opus eſt in hac machina hic
Globus anſtronomicus.

De utilitate huius inſtrumenti ut multa uerba faciam: non exiſtimo neceſſarium eſſe: cum huius non ſit
loci: nec ad talem quam habet maximam accomodari
poſſit utilitatem. ſed præter motum diurnum quo
ſtellas orientes & occidentes in eo conſpicimus: etiam
Solis & Lunæ motus apparent. reliquas uero utilitates nemo niſi Aſtronomiæ peritus in eo obſeruabit.
Et ſane multis annis eum mihi ad obſeruationes aſtro-
nomicas reſeruaram: ueru̅ ad hoc noſtrum opus aſtro
nomicum ornandum: & ad Ampliſſ. Senatui gratifi-
candum: uolenti & Iubenti animo, eum huic horologio adiunxi: & ita collocaui, ut circumquacღ liber ſit:
nec ulli alio cohæreat corpori: niſi quaten⁹ per lamina̅
illam ſubtus latitantem: & rotas dentatas, in corpore

Pellicani

Pellicani mouentem:reliquis machinæ partibus con-
nectitur.

Pellicanum uero hunc adhibuimus, ut essec loco
Atlantis: & ut æternitatis referret symbolum, aut etiã
Redemptoris nostri ac Saluatoris. Singula enim & o-
mnia ita à nobis ordinata & disposita sunt: ut certam,
& notatu dignam significationem. & uel ex sacris pa-
ginis, uel ex poëtarum fabulis, uel historiarum & an-
nalium scriptis desumptam habeant. Talia siquidem
operis nostri magnificentiam, uenustatem, & commoditatem commendant:& admirationem maiorem
hominum tam peritorum, quam imperitorum ani-
mis imprimunt:deniç nostram inuentionem, dispositionem, ac laborem.splendidiorem reddunt.

Quod si quis quærat, quo artis genere hæc à nobis elaborata & facta sint: cum mechanicas artes com-
plures antea enumerarim. Scire conuenit duabus nos
id effecisse artibus, sphæropœia & automatopoetica.
quia in formando poliendo, delineandoç globo, in
stellarum longitudinibus,latitudinibus,& declinatio-
nibus, distantijs, atç magnitudinibus alijsç ex astro-
nomia petitis, usi sumus sphæropoetica, in motibus
cœlestibus fingendis & imitandis: ea arte, qua res fa-
cimus sponte moueri,& automatopoëtica appellatur.

Archi-

Archimedes dicitur Cryſtallo, globum incluſiſſe:
& in eo omnes cœli motus monſtraſſe: librum quoqʒ
de ſphæropoëtica ſcripſiſſe : nos etſi ne minima quidem ex parte, uel eruditione, uel induſtria, cum Archimede conferri poſſimus : nec cryſtallo globum hunc
incluſerimus: aut etiam omnes omnium ſtellarum
motus oſtenderimus: ac longo interuallo ab Archime
deo opere, noſtrum poſt relinquatur: tamen ut ínter-
dum parua magnis rectiſſime conferuntur: nos pro
noſtra tenuitate, quod potuimus præſtitimˢ: & quod
antea ante nos (quod ſciamus) in tali opere nemo hoc
tempore tentauit: primi facere: atqʒ globoſum corpus,
decem ferè in ambitu pedum, ex uaria materia conſoli-
datum, ad cœli formam formare, & expolire: ſtellis ad
diſpoſitionem ſtellarum diſtributis & configuratis,
motum cœleſti motui ſimilem & proportionalem at-
tribuere auſi fuimus: idqʒ non ſine magno, & aliquo-
ties reiterato diligenti labore. & ſane hunc globum
maioris facio : quam reliquas machinæ partes. non
quod his uelim dignitatem, quam habent ademptam
eſſe: ſed quod ſciam ex præcipuis totius operis partibus, hanc eſſe excellentiorem,

DE

De Tabulis Eclipsium & Rota 100. annorum atq̃ Plane-
tarum hebdomadario circuitu.

N. 2. 3. 4. 5. 6. 7. 8.

CAPVT IIII

IN inferiori Machinæ contignatio-
ne, tres conspiciuntur distinctæ tabulæ, quarum duæ quidem latera-
les N. 2. & 3. in se Eclipsium Solis, &
Lunæ diagrammata, ad 32. annos
insequentes continent: media uero
N. 4. Calendarium perpetuum, præcessiones æqui-
noctiorum, festa mobilia, literam Dominicalem, an-
nosq̃ bisextiles, omnia inquam hæc ad annos 100. se-
quentes calculata complectitur.

Hæ etiam uarij generis emblematibus, atq̃ picturis, sunt exornatæ. nam in Eclipsium tabulis cum multa spatia, essent uacua: præter ipsarum Eclipsium diagrammata: illa opticis & geometricis ac astronomicis
figuris: uarijs quoq̃ picturis, exornauimus: ut ob ua-
rietatem picturarum grata essent aspectui.

Ita etiam media tabula in quatuor angulis, quatuor
Monarchiarum picturis: duabus etiam statuis, exorna-
ta est. una enim Apollinis, telo singulos in calendario
designatos dies currentes designat: altera Dianæ, ere-

gione diem currenti oppositum monstrat: Denique
cum in centro rotæ mediæ, regula quæ singula in rota 100. annorum descripta, indicaret: erigenda esset.
eam fecimus latiorem: ornatusʠ gratia, Germaniæ,
imprimis tamen Rheno adiacentium Prouinciarum,
geographicam adiecimus diligentem descriptionem:
nec non Topographiam Vrbis Argentoratensis: tabel
lamʠ in qua nostra, qui machinam hanc absoluimus
nomina continentur.

Verum ut hæc melius percipiantur: Calendarium, festaʠ mobilia, cæteraʠ his adiuncta: cum tabulis Eclipsium: sicuti hæc omnia per Astronomicum
calculum ad Meridianum Argentoratensem sunt ex
tabulis Prutenicis & Alphonsinis accommodata sub
finem subiungam.

Supra mediam 100. annorum rotam: apparent statuæ septem Planetarum, eleganter sculptæ: quarum
unaquæque suo unde hebdomadarum dies nomen
habent, die prodit: ex eo ubi positæ sunt loco: ut die
Saturni, foris conspicitur cæteris absconditis Saturnus, die Solis, Sol: & sic cæteri deinceps. per quæ automata, hebdomadarium tempus repræsentare uoluimus. & quia ibidem uacuus relinquebatur locus:
picturis elegantibus illa expleuimus: in quibus, à
mundi creatione, usque ad eiusdem consummationem, præcipua religionis Christianæ capita, depicta

sunt

funt: ut. Mundi creatio, peccatum originale, redemptio, refurrectio, & extremum iuditium. In his enim confumitur temporis uniuerfalis defcriptio.

In medio harum picturarum, fupra planetarum orbem, parua confpicitur tabula N. 7. in qua horarum quartæ partes, & partium minuta monftrantur. affidentibus duobus pueris: quorum alter fceptro horas numerat: alter uero horologium arenarium, quod manu tenet: poft tintinabulorum horariorum fonitum: fingulis uertit horis.

Hæc itaque omnia ex automatopoëticis, gnomonicis, & fphæropoëticis defumpta: ad exornandam noftram machinam, à nobis adhibita funt. quæ non exiguam fpectantibus & admirationem & delectationem mouent. & ne anguli, uacui relinquerentur: duo Leones N. 8. infignia urbis tenentes eò pofiti fuerunt.

DE

De Astrolabio, & Illuminationibus
Lunæ.

N. 9. & 10.

CAPVT V.

IN media autem totius operis contigna-
tione: posuimus ASTROLABIVM: cum
omnibus ijs, quæ ad astrolabij descriptionem pertinent : cui non Solis tantum
atque Lunæ indices: sed & reliquorum
Planetarum Saturni, Iouis, Martis, Veneris, & Mercu-
rij applicauim⁰: qui singulis horarū: momentis media
planetarū in zodiaco loca monstrant. neq; enim alios
quam medios motus in tali opere comprehendere potuimus. In angulis, quatuor anni temporum, & quatuor ætatum picturæ, ornatus gratia positæ sunt N. 9.

Eodem in loco supra Astrolabium Lunæ menstruæ
illuminationes artificiosæ factæ conspiciuntur N. 10.
quæ motui Lunæ, in Astrolabio apparenti correspon-
dent. neq; uero latera huius tabulæ Lunaris illumina-
tionis uacua sunt: sed ex una parte Ecclesiam trium-
phantem, ex altera Draconem, seu perditionis serpen-
tē pinximus. Sic rursus in his duabus partibus Astrolabio, & tabula Lunari sphæropoëtica apparent.

Atq; hæc omnia commemoratione digna sunt;
cum

cum in omnibus totius operis partibus , eurythmia,
& fymmetria fit. ac fuperiora inferioribus , inferiora
fuperioribus congruant: concinnitas etiam & conue-
nientia in fingulis confpiciatur: ut unum abfcʒ altero
quafi effe non poffe uideatur.

Nam AEternitas per Pellicanum, Sæculum per rotam 100. annorum , Annus, per Calendarium , anni
tempora picturis, Menfes motu, & phafibus Lunæ:
Hebdomadæ planetarum ftatuis, Horæ & dimidiæ
horarum partes, limbo Aftrolabij exteriore:partes horarum quartæ & minuta: parua tabella monftrantur.

His tandem ne quid deeffet ad uenuftatem, ad delectationem, ad admirationem augendam. appofita
funt & automata, & fphæropoëtica:additi etiam funt,
qui medios planetarum motus oftendant, indices: ac
ne in Cœlo tantum uerfari, & terræ obliti uideremur:
terrenum globum , cum omnibus prouincijs & regionibus diligenter defcriptum : tanquam in Centro
Aftrolabij pofuimus: qui planetarum indices, ne exci-
dant continet. ita uenuftas, decus, magnificentia, &
admiratio, uarijs picturis , ftatuis, alijfcʒ emblematibus operi noftro accefferunt.

H

*De Quatuor ætatum, Saluatoris & Mortis statuis, horæ
sonitu Campanarum significantibus.*

N. 11. 12.

CAPVT VI.

Voniam uero operum Mechanicorum magnificentia, parergis (ad rē
tamen pertinentibus , non autem
ab opere alienis) plurimum augetur: idcirco has quatuor ætatū statuas, ex automatopoeticis, noſtræ
machinæ adiunximus. Etſi enim tempora, & dies, ac
dierum partes, satis in cæteris Horologij partibus mōſtrentur: tamen neceſſum nobis uidebatur eſſe: hæc
oblectamenti, & admirationis gratia addere: non tamen abſcp ſingulari quadam ſignificatione.

Nam quartas horarum ſingulæ ætates N. 11. ſono
tintinnabulorum, puer quidem uno, adoleſcens duobus, uir tribus, quartam & ultimam horæ partem, ſenex quatuor tactibus indicant. tandem prodit mortis
ſtatua, N. 12 horam ipſam ſuo quocp tintinnabulo pulſans. Saluatoris denicp ſtatua, ſingulis ætatum ſtatuis
egredientibus obuiat: ad redemptionis ſignificationē.
mortis uero (tanquam extrema uitæ linea) extremum
.... tintinnabulo ſonitum.

De

De Psalmodijs in summitate Machinæ: pulsu tintinnabulorum factis:N.13. & Galli gallinacei cantu N.14.

CAPVT VII.

Neumatica hæc, atque automatopoetica, magnam habent apud vulgus hominū admirationem: quando uel harmonias, sine hominis alicuius opera: uel galli gallinacei cantum audiunt, quæ sane ad operis consumationem potius: quam ad necessitatem spectare uidentur: sed Architecti est, non solum eurithmiam & symmetriam in singulis obseruare partibus: uerum etiam decentem uenustatem: & conuenientem operi addere magnificentiam. Itaq; melodiarum aliquot psalmorum concentus adhibitus est: Galli gallinacei uero cantus: admirationem nostræ inuentionis & dispositionis non solum auget: sed uetustatis & artis quoq; considerationem habet. Siquidem ante 200.annos hic ipse gallus gallinaceus affabre factus fuit: & ueteri horologio impositus, atq; eo tempore quo Passionem Christi in Ecclesia christiana solitum fuerat commemorare: hic suo cantu abnegationis Petri, homines commonefecit.

Itaq; repurgato & ex repurgato hoc gallo: & organis in uentre ipsius inclusis pneumaticis in integrum

H ij

reſtitutis:ob has quas dixi cauſas:dignum iudicauim⁹:
qui noſtro etiam operi adhiberetur : atque ſupremo
capſulæ ponderibus deſtinatæ,loco imponeret ur.

In eadem etiam Vraniæ, Coloſſi,& doctiſſ. uiri Ni-
colai Copernici picturas N.15.16.17.& ex altera parte
trium Parcarum N. 18.19.20.adiunximus:nequid uacui relinqueretur:& tempori,plena quoad fieri pote-
rat:eſſet deſcriptio: atcp memorabilium rerum & per-
ſonarum recordatio.

Hæc omnia & ſingula, ſi quis àcuratius conſideret:
haud dubie nos in inueniendis,ordinandis,diſponen-
dis,diſtribuendiſcp omnibus & ſingulis , magno ſtudio,opera, & diligentia incubuiſſe : facile intelliget,
multumcp in erudiendis indoctis officinatoribus: atque literarum imperitis opificibus deſudaſſe,animad-
uertet. Non quod quicquam cuiuſquam laudi detra-
ctum uelim: ſed quiſque in ſua arte & ſuo opificio ex-
cellens quidem fuit: attamen omnes, rerum aſtrono-
micarum,hiſtoriarum,fabularum,artium quocp reli-
quarum,ex quibus automata,gnomonica,pneuma-
tica,ſphærica,deſumpta,fuerunt:ignari erant.

*De ijs quæ extra templum conſpiciuntur, & ad
huius horologij deſcriptionem, etiam
pertinent.*

CA.

CAPVT VIII.

Voniam omnia nunc (ut arbitror) recenſui: quæ ad horologij noſtri deſcriptionem pertinent: præterire nolui ea, quæ extra uiſuntur: & ex parte, ponderibus Machinæ interioris reguntur: cuiuſmodi eſt horologiū in quo duodecim zodiaci ſigna inciſa lapidi apparent: & duo indices Solis, atꝗ Lunę poſiti: motus luminarium indicant: quo in ſigno ſingulis menſibus ſit Sol: & Luna. ſimul etiam illuminationes Lunæ, alio quam in ipſo opere, ſed conſimili modo demonſtrantur.

Deniꝗ in ſummitate parietis, tria diſtincta Solaria horologia, conſpiciuntur depicta: in quibus præter horas vulgares, etiam in æquales, ab ortu in occaſum, & ab occaſu in ortum numeratæ: cum cœli domicilijs & circulis uerticalibus, alijſꝗ ſimilibus acurate à nobis delineatis cernuntur oculis.

Finem nunc his imponam: & obnixe omnes rogabo: ut tenuem hanc Machinæ noſtræ expoſitionem, boni conſulant: & ſincere cum de nobis, tum & opere noſtro iudicent: ſine inuidia, odio, aut maleuolentia, aut alio prauo iuditio: labores penſitent noſtros, in me quod eſt: quicquid Patriæ, quicquid Reipub. lite-

H iij

rariæ,alijſc᷎ uiris bonis: meis offitijs prodeſſe poſſum:
in id incumbam ſedulo.

Philo Architectus, armentarium Athenis extruxit:
tanta arte, tanta uenuſtate, tanta elegantia,ac magnifi-
centia:ut omnes excellentiſſimi & probatiſſimi Architecti ſagacitatem,ingenium,atc᷎ ſolertiam admiraren-
tur:multiſc᷎ laudibus machinamenta illa celebrarent.
poſtea uero populo Athenienſi (cuius ut Cicero inquit ſemper fuit prudens ſyncerumc᷎ iuditium: nihil
ut poſſet,niſi incorruptum audire & elegans.) ſuarum
machinationum rationes ita reddidit: ut populus di-
ſertiſſimus,dubitaret: machinationes ne illas,quas mira arte & induſtria affabre fecerat: plus admiraretur
& commendaret: an uero Architecti eloquentiam inuentis elaboratiſc᷎ anteferret machinis.

Magnum ſane hoc fuit,& rarum. nam qui in utroc᷎
dicendi agendic᷎ genere,ſe excellentem præſtiterit: ne
ceſſe eſt eum ex maxime raro hominum genere eſſe.
Pauciſſimis hoc contingit,in fabricandis quidem machinis bellicis, alijſc᷎ artibus mechanicis multi excel-
lunt:plurimi etiam,multum ſine fabricatione, & machinatione: eloquentia poſſunt: ſunt etiam qui ſi incĩ-
dant in homines artis alicuius imperitos: recte opus
perfeciſſe uideantur:ſi ad artis peritos uenerint: cauſa
cadent. denic᷎ ij qui excellenter perfecerunt opus aliquod : ſi inuidorum aut maleuolorum iuditium in-
cidant:

cidant: nullo erunt loco: ut probi sint & periti architecti atcp mechanici. Tum ergo omnia se recte habent:
si tales operis iudices fuerint: quales Athenienses:quo-
rum non solum prudens, & sincerum, in ijs quæ fie-
bant, queúe agebantur: sed & in orationibus discer-
nendis salubre: iudicium fuit.

Equidem scio hanc nostram horologiorum machinam: quæ qualisue sit: cū Atheniensium armamenta-
rio ullis nominibus, conferri non posse: multo minus
tenuē hanc meam & exilē operis nostri descriptionem:
cū Philonis ornata & perpolita oratione. ueruntamē
si Atticos habuerimº Iudices, hoc est synceros, pruden-
tes, & intelligentes: si doctos, & in puluere mathema-
tico exercitatos: si beneuolos, & artiũ atcp disciplinarū
studiosos:non dubito,quin nostros labores, nostra studia, nostros conatus nostramcp tenuitatē sponte, abscp
mea hac descriptione ineleganti, sint cōmendaturi: &
quo habentur loco, ea quæ arte, ingenio, ac solertia
fiunt: etiam hæc nostra sint habituri.

Cęterorū nihil facio iuditia qui dũ uel non intelligũt
has artes & disciplinas:temere iudicium ferre de his no
stris machinis uolunt: uel odio & maleuolentia excita-
ti:laudem quæ nobis merito debetur:suo prauo, & af-
fectibus corrupto iuditio detrahere student. Primā
totiº operis, inuentionem quia nrea est,nemo sibi arro-
get

get: nec primam totius operis præcipuarum partium
dispositionem: quæ etiam mea est: cætera uero quæ uenustatis, commoditatis, ac magnificentię gratia addita
sunt : quæue labore, studio, cura , ac sollicitudine, in
extruendo, expoliendoue opere, facta sunt: & mea, &
collegę mei, & Thobię Stimmeri sunt: qui omnia quę
à Triumuiris AEdilibus approbata fuerunt: officinatoribus, & manuarijs opificibus proposuimus.

Hæc prioribus ideo adiunxi: quod sciam, plures
esse: qui non Attico, sed corrupto iuditio, de toto nostro opere, nec non de nobis ipsis, quorum consilio, ingenio, opera, atcp studio hoc opus inuentum, factum,
perfectumque est, iudicent. idcp faciunt aut imperitia
adducti: aut mala de nobis persuasione, quam ex inui-
dis, malitiosis, & ambitiosis hominibus habent, im-
pulsi: aut maleuolentia erga nos affecti. Quibus certe
nulla est habenda fides: cum ipsorum prauum &
corruptum sit iuditium. Iudicent qui sinceri,
boni, æqui, & periti sunt disciplinarum & artium mechanica-
rum: ac talium uiroru
iuditio omnes ac-
quiescent.

FINIS

TABVLA ECLIPSIVM

SOLIS ET LVNAE AB ANNO 1573.
ad usque Annum 1605.

Anno 1573. Eclipsis Lunæ erit Decembris die 8. hor. 8. min. 22. à meridie Initium hor. 6. min. 32. finis hor. 10. mi. 12. Puncta Eclip. 17. min. 28.

Anno 1574. Eclipsis Solis. die 13. Nouemb. hor. 4. min. 36. à meridie. Initium hor. 3. min. 35. finis hor. 5. min. 37. Puncta eclipt. 5 min. 41.

Anno 1576. Eclipsis Lunæ die 7. Octob. horis à merid. 11. min. 18. initium hor. 9. min. 42. finis hor. 12. min. 54. puncta. eclip. 9. minu. 48.

Anno 1577. Eclipsis Lunæ, die 2. Aprilis, hor. à merid. 8. min. 50. initium hor. 6. min. 59. finis hor. 10. min. 41. punct. 17. min. 47.

Anno 1577. Eclipsis Lunæ, die 27. Septemb. hor. ante merid. 1. min. 0. initium eius hor. 11. ante medium noctis min. 7. finis hor. post medium noctis 2. min. 53. puncta 17. min. 18.

I

ECLIPSES SOLIS ET LVNAE

Anno 1578. Eclipfis Lunæ, die 16. Septemb. ante merid. hoc. 1. min. 34. initium hor. 12. min. 54. finis hor. 2. min. 14. punct. 1. min. 26.

Anno 1579. Eclipfes Solis die 25. Februarij uefperi circiter 6. puncta: in Britannia, & locis occidentalioribus confpicietur: in Germania fuperiore minus.

Anno 1580. Eclipfis Lunæ die 31. Ianuarij hor. à merid. 10. min. 49. initium hor. 9. min. 6. finis hor. 12. min. 32. pun. 12. min. 25.

Anno 1581. Eclipfis Lunæ die 19. Ianuarij hor. à merid. 10. min. 57. initium hor. 9. min. 8. finis hora 12. min. 46. puncta 14. min. 38.

Anno 1581 Eclipfis Lunæ die 16. Iulij hor. ante merid. 5. min. 14. initium mane hor. 3. min. 30. finis hor. 6. min. 58. punct. 14. min. 16.

Anno 1582. Eclipfis Solis die 20. Iunij mane hor. 4. min. 37. initium hor. 3. min. 56. finis hor. 5. min. 18. punct. 3. min. 7.

Anno

ECLIPSES SOLIS ET LVNAE.

Anno 1582. Eclipsis Lunæ die 8. Ianuarij horis à merid. 12. min. 0. puncta 8. quæ vix animaduertetur.

Anno 1584. duæ Eclipses, una Solis die 30. Aprilis mane hor. 5. min. 11. initium hor. 4. min. 31. finis hor. 5. min. 51. puncta 3. min. 16.

Altera eodem anno die 8. Nouemb. mane hor. 1. min. 38. initium hor. 11. ante medium noctis, min. 48. finis hor. 3. min. 28. punct. 17. min. 25.

Anno 1585. die 19. Aprilis uesperi ante Solis occasum erit satis magna Solis Eclipsis & horrenda: sed in nostris regionibus non conspicua.

Eodem anno 1585. die 3. Maij, uesperi post Solis occasum Eclipsis Lunæ erit: quæ in nostris non conspicietur locis.

Anno 1587. die 6. Septembris hor. 9. min. 24. à meridie initium hor. 7. mi. 51. finis hor. 10. min. 57. puncta eclipt. 9. min. 0.

Anno 1588. duæ Eclipses duæ, una die 3. Maij mane hor. 3. min. 40. initium hor. 1. post medium noctis min. 52. finis hor. 5. min. 28. puncta 15. min. 7.

I ij

Altera eodem anno 1588. die 26. Augusti mane hora 5. min. 8. initium hor. 3. min. 17. finis hor. 6. min. 59. puncta eclip. 17. min. 36.

Anno 1589. Eclipsis Lunæ die 15. Augusti, hor. à merid. 7. min. 37. initium hor. 6. min. 38. finis hor. 8. min. 36. puncta eclip. 3. min. 5.

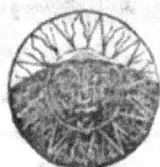

Anno 1590. Eclipsis Solis die 21. Iulij mane hora 7. min. 22. initium hor. 6. min. 19. finis hora 8. min. 25. punct. ecli. 8. min. 40.

Eodem anno Eclipsis Lunæ die 7. Iulij, mane puct. eclipt. 3. in grad. 24. capricorni sed parua.

Eodem anno 1590. Eclipsis Lunæ die 30 Decemb. hora 9. min. 22. punct. eclip. 10. min. 5.

Anno 1591. Eclipsis Solis, die 10. Iulij horis à meridie 3. min. 20. initium ho. 2. min. 0. finis hor. 3. min. 48. punct. eclip. 1. min. 27.

Eodem anno 1591. Eclipsis Lunæ 26. Iunij uesperi punct.

punct. eclipt: 17. mi. 30. fed apud nos nō conſpicietur.

Eodem anno 1591. Eclipſis Lunæ die 20. Decemb. mane hora 5. min. 8. initium hora 3. min. 18. finis hor. 6. min. 58. punct. eclipt: 17. min. 29.

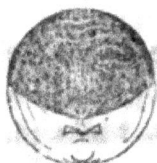

Anno 1592. Eclipſis Lunæ die 14. Iu nĳ hor. à merid: 10. min. 7. initium ho. 8. min. 37. finis hor. 11. min. 37. punct: eclip: 8. min. 7.

Eodem anno 1592. Eclipſis Lunæ die 8. Decemb. hor: à merid. 8. min. 7. initium hor. 7. min. 1. finis hor: 9. min. 13. puncta eclip: 4. min. 1.

Anno 1593. Eclipſis Solis die 20. Maĳ hor. à merid: 2. min. 20. initium hor: 1. min. 41. finis hor. 2. min. 59. pun. eclip: 3. min: 14.

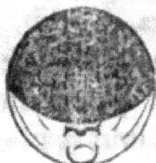

Anno 1594. Eclipſis Lunæ 19. Oct. mane hora: 7. min: 12. initium hor. 5. min. 38. finis hor: 8. min: 46. puncta eclipt: 9. min. 10.

Eodem anno 1594. Eclipſis Solis die 10. Maĳ mane circum punct. 8. 12. quæ non bene à nobis conſpicietur.

Anno1595.EclipſisLunę die 14.
Aprilis mane hora 4. min. 37. initium
hor. 2 min. 45. fiinis hora: 6. min. 29.
punct. eclipt: 18. min. 57.

Eodem anno1595. Eclipſis Solis, die
23. Septemb. min. à merid. 57. initium
min. 18. à meridie: finis hora: 1. min. 36.
punct. eclipt: 3. min. 0.

Eodem anno 1595. Eclipſis Lunæ die 8. Octob.
mane: punct. 18. in gradu 24. arietis, in his locis uero
non conſpicietur.

Anno 1596. Eclipſis Lunæ die 2.
Aprilis hora à meridie 9. min. 33. initiũ
hor. 8. min. 27. finis hora 10. min. 39.
punct. eclipt: 4. min. 7.

Eodem anno Eclipſis Lunæ 22. Septemb. mane
punct. eclipt. 9. quam nos non cernemus.

Anno1598. Eclipſis Lunæ die 11. Fe
bruarij mane hora 6. min. 41. initium
hora 5. min. 0. finis hora 8. min. 21. pun.
eclipt. 11. min. 53.

Eodem anno Eclipſis Lunę, die 25 Fe
bru. mane hora: 10 min. 55. initium ho.
9. min. 57. finis hor. 11. min. 53. punct.
eclipt: 8. min. 20.

eodem

Eodem anno Eclipſis Lunæ die 6. Auguſti hor. à merid. 7. min. 42. initium hor. 5. minu. 58. finis hor. 8. minu. 26. Punct. eclipt. 13. min. 7.

Anno 1599. Eclipſis Lunæ, die 31. Ianuarij mane hora 6. min. 50. ante meridiem. Initium hor. 5. min. 0. finis hor. 8. min. 40. pun. eclipt. 15. min. 15.

Eodem anno 1599. die 12. Iulij mane Eclipſis Solis ualde parua min. 40. tantum.

Anno 1600. die 20. Ianuarij mane erit Eclipſis Lunæ ualde parua minu. 45. tantum.

Eodem anno 1600. die 30. Iunij hor. à meridie .0 min. 17. erit Eclipſis Solis: initium eius 19. min. poſt merid. finis ho. 2. 15. min. punct. eclipt. 7. min. 33.

Eodem anno 1600. die 25. Decemb. poſt hor. 2. à meridie, Eclipſis Solis ualde parua circiter 45. min.

Anno 1601. die 5. Iunij ueſperi Eclipſis Lunę circiter puncta 2. min. 14. ualde parua.

Eodem

ECLIPSES SOLIS ET LVNAE.

Eodem anno 1601. Eclipſis Lunæ die 29. Nouembris hora à merid. 7. mi. 22. initium hor. 5. min. 44. finis hor. 9. min. 0. punct. eclipt 11. min. 2.

Eodem anno 1601. Eclipſis Solis die 14. Decemb. horis à merid. 2. mi 38. initium hor. 1. min. 32. finis hor. 3. min. 44. punct. eclipt: 7. min. 36.

Anno 1602. Eclipſis Lunæ die 25. Maij hor. à merid: 7. min: 20. initium hor. 5. mi. 26. finis hor. 9. min: 14. puncta eclip: 19. min. 48.

Eodem anno 1602. die 19. Nouembris mane erit Eclipſis Lunæ. magna puncta eclipt. 17 12. apud nos non conſpicietur.

Anno 1603. Eclipſis Lunę die 14. Maij circiter mediam noctē hor. 12. min. 34. initium hor. 11. noctis, min. 9. finis hor. 1. min. 59. punct. eclipt: 7. min. 5.

Eodem anno Eclipſis Lunæ die 8. Nouemb. hor. à merid. 7. min. 21. initium hor. 6. min. 37. finis hor. 8. min. 5. punct. eclipt. 1. min: 46.

Anno

ECLIPSES SOLIS ET LVNAE.

Anno 1605. Eclipfis Lunæ die 24. Martij hor. à merid. 9. min. 26. initium hor. 7. min. 45. finis hor. 11. min. 7. pun. eclipt. 11. min. 56.

Eodem anno 1605. Eclipfis Lunæ, die 17. Septemb. hor. matutina 4. min. 49. initium hor. 3 min. 19. finis hor. 6. min. 19. punct. eclipt. 8. mi. 0.

Eodem anno 1605. Eclipfis Solis die 2. Octob. hor. à merid. 2. min. 0. initium 59. min. poſt merid. finis hor. 3. min. 0. punct. eclipt. 11. min. 42.

K

APOLLO TELO ARMATVS

AD SPECTATORES MA-
CHINAE ASTRONOMICAE IN TEM-
plo Reipub. Argentoratensis.

PRodere si verum sum creditus augur Apollo,
 Oraculisque & sortibus:
Reddere nunc sortes oracula Dodonæis,
 Heic veriora credite.
Qui regit hanc molem, non laus tribuenda Magistro est:
 Tanquam repertori vasro.
Posteritas norit, dicatque voluminis huius
 Inuentor est DASYPODIVS.
Quanto Maiores hic exantlasse labores.
 Compertus est pro patria:
Argentina ipsi socioque rependere tantò
 Maiora debet præmia.

VRANIA MVSA
Ad Senatum populuḿq̃ Argentinensem.

QVod viuunt heic cuncta, quod heic & cuncta mouentur.
 Non opus hoc teretum præstitit artificum.
Inuentor CVNRADVS, & hos animauit, & illa:

         Vsus

Vſus ad hos ſocia Dauidis arte ſui.
In quos grata caue minus *Argentina* feraris.
Nam meruit dignus præmia digna labor.
En rigidis telis alioqui armatus & arcu.
Sæuior ingratis iactat *Apollo* minas.
Iactat & ipſa minas *Diana*: quid obſecro præſtat.
Iratos merito pertimuiſſe deos?

Paulus Meliſſus Francus Poëta Laureatus.